财务数字化转型
——大型企业智能财务创新应用实践

任振清　　王淑珍　　运玉贞　著

清华大学出版社

北京

内容简介

智能财务转型是目前企业集团进行财务转型的关键措施，同时也是智能技术在财务领域的延伸。企业运用智能技术来提高财务经营能力、重塑财务运作流程，以确保财务数据的准确、有效，为企业的战略转型提供科学、合理的依据。随着时间的推进，财务工作的智能化特点愈加展现出来。本书对智能财务的基础理论进行了梳理，介绍了智能财务组织、管理、技术变革和企业实践案例，阐述了智能财务在企业集团的建设路径和应用效果，推动企业提升风险防范能力和工作效率，实现智能财务转型。

本书可供企业高管、咨询公司顾问参考，也可作为高校和专业培训机构的教材，还可作为智能财务常识和技能自学者的参考书。

图书在版编目(CIP)数据

财务数字化转型：大型企业智能财务创新应用实践 / 任振清，王淑珍，运玉贞著 . —北京：清华大学出版社，2023.4

ISBN 978-7-302-63065-4

Ⅰ . ①财⋯　Ⅱ . ①任⋯　②王⋯　③运⋯　Ⅲ . ①信息技术－应用－企业管理－财务管理　Ⅳ . ① F275-39

中国国家版本馆 CIP 数据核字 (2023) 第 044093 号

责任编辑：陈　莉
封面设计：周晓亮
版式设计：方加青
责任校对：马遥遥
责任印制：杨　艳

出版发行：清华大学出版社
　　　网　　　址：http://www.tup.com.cn，http://www.wqbook.com
　　　地　　　址：北京清华大学学研大厦 A 座　　　　　邮　　编：100084
　　　社 总 机：010-83470000　　　　　　　　　　邮　　购：010-62786544
　　　投稿与读者服务：010-62776969，c-service@tup.tsinghua.edu.cn
　　　质 量 反 馈：010-62772015，zhiliang@tup.tsinghua.edu.cn
印 装 者：三河市东方印刷有限公司
经　　　销：全国新华书店
开　　本：170mm×240mm　　　印　　张：15.75　　　字　　数：202 千字
版　　次：2023 年 4 月第 1 版　　　印　　次：2023 年 4 月第 1 次印刷
定　　价：69.80 元

产品编号：099852-01

前　言

经济全球化发展趋势下，智能技术蓬勃发展，智能时代悄然来临。回顾过去，财务管理经历了会计电算化、信息系统协同、人工智能应用三次重大变革。随着数字经济的蓬勃发展，越来越多的集团型企业将智能技术应用到财务工作中，智能技术在提高企业管控能力和运作效率等方面发挥了巨大的作用，提高了企业的核心竞争力。

智能财务技术是目前集团型企业进行财务转型的关键技术，也是智能技术在财务领域的延伸。企业运用新技术提高财务经营能力，重塑财务运作流程，使财务数据准确、有效，为企业的战略转型提供科学、合理的依据。随着时间的推进，智能财务的基础理论、财务组织、思维变革和企业实践将不断创新，财务工作的智能化特点也将愈加明显。

为了帮助更多企业在数字化转型背景下做好智能财务建设，并为高校提供智能财务的辅助教材，笔者结合多年实践经验，将智能财务的框架、应用实践、案例成效等整理成一套逻辑体系，编写成本书，希望能够对企业、高校和科研单位提供有益借鉴。

本书具有以下三个特点：

一是新，根据近期智能财务应用案例阐述了智能财务的发展现状；

二是全，涵盖了智能财务的大部分内容；

三是直，讲解不绕弯，理论结合实际，直接阐述结果，指导性强。

本书可供企业高管、咨询公司顾问参考，也可作为高校和专业培训机构的教材，还可作为智能财务常识和技能自学者的参考书。

　　本书第 1 章由任振清编写，第 2 ～ 7、9、10 章由王淑珍编写，第 8 章由运玉贞编写。

　　受作者水平所限，书中难免存在一定的疏漏，敬请读者批评指正。

作者

2022 年 12 月

目　录

第 1 章
智能财务概述　/　001

1.1　智能财务基础　/　002

1.2　智能财务的核心理论　/　003
1.2.1　规模经济　/　003
1.2.2　核心竞争理论　/　004
1.2.3　业务流程再造　/　005
1.2.4　扁平化架构　/　005
1.2.5　管理信息系统　/　005

1.3　企业集团财务管理转型与发展　/　006
1.3.1　企业集团财务管理模式　/　006
1.3.2　传统财务管理模式　/　009
1.3.3　企业集团财务管理模式的转型　/　013

1.4　企业集团的智能财务转型路径　/　014
1.4.1　财务战略规划　/　015
1.4.2　财务共享中心建设　/　017
1.4.3　管理会计应用　/　018

本章小结　/　019

第 2 章

智能财务的组织变革 / 020

2.1 财务组织的变革 / 021

2.1.1 财会一体化阶段 / 021

2.1.2 专业分离阶段 / 022

2.1.3 财务分离阶段 / 023

2.1.4 外延发展阶段 / 024

2.2 财务组织的持续发展 / 025

2.2.1 财务管理的刚性与柔性 / 026

2.2.2 共享中心的柔性管理 / 027

2.2.3 财务领域的新概念 / 031

2.3 智能财务团队 / 033

2.3.1 智能财务团队面临的困境 / 034

2.3.2 智能财务团队的设置 / 035

2.3.3 智能财务团队运行机制 / 035

2.4 财务创新体系 / 036

2.4.1 财务制度创新 / 036

2.4.2 财务管理创新 / 038

2.4.3 财务创新实践 / 039

本章小结 / 041

第 3 章

智能财务的管理变革 / 042

3.1 智能时代的财务管理思维 / 043

3.1.1 新科学管理思维 / 044

3.1.2 柔性运营思维 / 044

3.1.3 互联网思维 / 045

3.1.4 架构思维 / 046

3.2 智能财务的能力框架 / 046

3.2.1 战略财务 / 047

3.2.2 业务财务 / 048

3.2.3 专业财务 / 049

3.2.4 共享财务 / 050

3.2.5 支撑与保障 / 050

3.3 智能时代的财务人员 / 051

3.3.1 财务人员面临的挑战 / 052

3.3.2 财务人员的核心能力 / 053

3.3.3 财务人员能力构建 / 054

3.4 智能时代高校财务专业的发展 / 056

3.4.1 创新课程体系 / 057

3.4.2 优化培养模式 / 058

3.4.3 创新教学理念 / 058

3.4.4 深化校企合作 / 060

本章小结 / 061

第 4 章

智能财务的技术变革 / 062

4.1 财务大数据 / 063

4.1.1 大数据概述 / 063

4.1.2 财务大数据的实施 / 063

4.1.3 财务大数据的应用 / 065

4.2 人工智能 / 067

4.2.1 人工智能概述 / 067

4.2.2 人工智能对财务的影响 / 067

4.2.3 人工智能在财务中的应用 / 069

4.3 云计算 / 071

4.3.1 云计算概述 / 071

4.3.2 财务云计算的特征 / 072

4.3.3 云计算在财务中的应用 / 073

4.4 移动互联网 / 074

4.4.1 移动互联网概述 / 074

4.4.2 移动互联网的特征 / 075

4.4.3 移动互联网在财务中的应用 / 075

4.5 物联网 / 077

4.5.1 物联网概述 / 077

4.5.2 财务与物联网的结合 / 077

4.5.3 物联网在财务中的应用 / 078

4.6 区块链 / 080

4.6.1 区块链概述 / 080

4.6.2 区块链的特征 / 080

4.6.3 区块链在财务中的应用 / 081

本章小结 / 083

第 5 章

智能财务规划与实施 / 084

5.1 智能财务架构 / 085

5.1.1 系统架构 / 085

5.1.2 功能架构 / 086

5.2 智能财务架构的关键要素 / 088

5.2.1 数据层 / 088

5.2.2 引擎层 / 088

5.2.3 业务层 / 089

5.3 智能财务的实施 / 092

5.3.1 关键工作和阶段目标 / 093

5.3.2 风险管理与控制 / 095

5.4 智能财务的跨部门协同 / 097

5.4.1 跨部门协同的难题 / 097

5.4.2 跨部门协同的促进 / 097

本章小结 / 099

第 6 章

智能共享财务 / 100

6.1 智能财务共享中心框架 / 101

6.1.1 财务共享中心建设的整体框架与智能提升 / 101

6.1.2 财务共享中心运营的整体框架与智能提升 / 102

6.1.3 财务共享中心外包和众包的整体框架与智能提升 / 103

6.2 财务共享中心建设 / 104

6.2.1 总体架构 / 105

6.2.2 战略定位 / 106

6.2.3 组织架构 / 106

6.2.4 人员架构 / 107

6.2.5 流程架构 / 107

6.2.6 数据规范 / 108

6.2.7 信息系统 / 108

6.2.8 运营管理 / 109

6.2.9 变革管理 / 109

6.3 财务共享中心运营 / 110

6.3.1 运营体系框架 / 110

6.3.2 运营初创期 / 111

6.3.3 运营成长期 / 112

6.3.4 运营成熟期 / 114

6.4 流程自动化机器人 / 116

6.4.1 应用场景 / 116

6.4.2 落地实施 / 119

6.5 共享财务的持续发展 / 122

6.5.1 云服务助推全球化 / 122

6.5.2 事项法会计引领新价值 / 123

6.5.3 智能财务持续发展 / 123

本章小结 / 124

第 7 章

智能专业财务 / 125

7.1 智能专业财务框架 / 126

7.1.1 财务报告 / 126

7.1.2 司库/资金管理 / 127

7.1.3 税务管理 / 128

7.1.4 资产管理 / 128

7.1.5 成本管理 / 129

7.2 全电发票管理 / 130

7.2.1 全电发票的发展历程 / 130

7.2.2 全电发票的优点 / 131

7.2.3 全电发票和电子发票的区别 / 132

7.2.4 全电发票时代的挑战及应对措施 / 134

7.3 司库管理 / 135

7.3.1 企业司库的发展历程 / 136

7.3.2 智能司库的核心内容 / 137

7.3.3 智能司库管理平台 / 140

7.3.4 智能时代司库建设 / 142

本章小结 / 143

第 8 章

智能业务财务 / 144

8.1 智能业务财务框架 / 145

8.1.1 工程财务管理 / 145

8.1.2 供应链财务管理 / 146

8.1.3 海外财务管理 / 146

8.1.4 业财一体化 / 147

8.2 海外财务管理 / 148

8.2.1 海外财务管理概述 / 148

8.2.2 海外财务管理的特点 / 149

8.2.3 海外财务管理体系及实施路径 / 151

8.3 智能会计引擎 / 158

8.3.1 会计引擎的定义 / 158

8.3.2 智能会计引擎的优势 / 159

8.3.3 智能财务会计引擎与应用 / 161

8.3.4 智能管理会计引擎与应用 / 162

本章小结 / 165

第9章

智能战略财务 / 166

9.1 智能战略财务框架 / 167

9.1.1 财务战略 / 167

9.1.2 全面预算管理 / 168

9.1.3 资本运作 / 168

9.1.4 经营分析 / 169

9.1.5 财务合规风控 / 170

9.2 智能全面预算管理 / 171

9.2.1 智能全面预算管理的特征 / 171

9.2.2 智能全面预算管理的核心内容 / 172

9.2.3 智能全面预算的构建过程 / 173

9.3 智能风控管理 / 175

9.3.1 传统风控系统 / 175

9.3.2 智能风控系统 / 176

9.3.3 智能风控系统构建 / 178

9.4 智能经营分析 / 180

9.4.1 智能经营分析概述 / 180

9.2.2 智能经营分析体系 / 182

9.2.3 智能经营分析系统 / 183

本章小结 / 186

第 10 章

智能财务案例 / 187

10.1 A 集团：数字经济时代智能财务实践 / 188

10.1.1 A 集团基本情况 / 188

10.1.2 A 集团主要做法 / 190

10.1.3 A 集团主要成效 / 199

10.1.4 A 集团未来展望 / 200

10.2 B 集团：商务智能应用促进管理会计升级 / 201

10.2.1 B 集团基本情况 / 201

10.2.2 B 集团主要做法 / 201

10.2.3 B 集团主要成效 / 205

10.2.4 B 集团未来展望 / 206

10.3　C集团：以财务共享建设作为财务转型突破口　/　207

10.3.1　C集团基本情况　/　207

10.3.2　C集团主要做法　/　207

10.3.3　C集团主要成效　/　212

10.3.4　C集团未来展望　/　213

10.4　D集团：实施资金风险管控体系，实现"盈""利"
　　　　双重目标　/　214

10.4.1　D集团基本情况　/　214

10.4.2　D集团主要做法　/　216

10.4.3　D集团主要成效　/　232

10.4.4　D集团未来展望　/　234

参考文献　/　236

后记　/　237

第 **1** 章　智能财务概述

　　数字经济时代，"大智移云物区"等技术的发展给企业管理带来了前所未有的机遇与挑战，财务管理作为企业管理的一部分，同样面临机遇与挑战。把握时代机遇，融合智能技术，构建智能财务体系成为企业的必然选择。

1.1 智能财务基础

智能财务是指财务全流程的智能化，包括业财融合理念下的智能财务共享中心、以商业智能为基础的管理会计平台、以人工智能为基础的智能财务平台三大部分。其中，智能财务共享中心是构建智能财务体系的基础。可以说，在智能时代，智能技术与财务结合是企业财务的发展方向，可以帮助企业提速增效。

众多学者和专家提出了自己关于智能财务的观点。Peter Fingar 提出了大数据、云计算等技术的应用仍存在较多风险的观点，但他仍认为财务管理由 ERP(enterprise resource planning，企业资源计划) 系统向智能财务云系统发展是大势所趋。Barbara 认为，传统意义上的财务信息共享和云计算服务是财务共享中心产生的两个重要因素，传统的信息共享技术效率低下，导致企业的部分职能重叠、经营效率受阻。他将大数据和财务共享中心融合，并认为两者相结合是解决集团型企业"大企业病"的关键手段。智能技术的出现给企业的发展提供了动力，优化了企业财务流程，提高了企业的财务信息化水平。Mary 认为，机器人流程自动化将为财务共享中心的发展提供支持，财务机器人将在未来的财务管理中与财务共享结合共同为智能财务提供动力。智能财务涉及管理会计、云财务等多个方面，是对传统财务的根本性变革。熊磊分析了管理会计和会计信息化，他认为财务共享对于管理会计信息化具有重要作用，提出了基于云计算的财务共享平台。同时，从云财务发展的动因与可行性两个方面出发，提出云财务的三大内容分别是云财务平台、云财务保障制度、云财务管理会计协同。董静提出在智能时代，会计模式将发生根本性的变革，企业的财务管理可以从战略决策、思维模式、部门职能、数据管理等方面进行变革，从而提高企业的核心竞争能力，创造更高的企业价值。赵悦研究了基于人工智能的企业财务，提出了财务优化的发展方向是财务会计向管理会计过渡、提高人工智能技术的安全性和保密性、大力开发智能财务平台等。

总体来看，智能财务是一个全新领域并处于发展阶段，国内外的理论基础相对成熟，国内企业在智能财务方面的具体应用正在逐步发展。

1.2　智能财务的核心理论

智能财务的核心理论主要包括规模经济、核心竞争理论、业务流程再造、扁平化架构、管理信息系统五个方面。

1.2.1　规模经济

规模经济是指企业由于运营规模的不断扩大，分摊到单位产品的单位固定成本会降低，生产的产品越多，利润就越高，从而提高了生产效率。规模经济说明的是生产规模扩大时对生产结果或者收益的影响。当生产规模的扩大比率小于生产结果或者收益增长的比率时，规模收益就递增；而当生产规模的扩大比率大于生产结果或者收益增长的比率时，规模收益则递减。

总体来说，规模经济的发展有三个主要原因：第一，操作流程的分割，即以最少的投入完成任务。第二，专业化的分工。经济学鼻祖亚当·斯密提出，同等数量的劳动者通过专业的分工，可以完成比以往多出许多的工作量，这是由于劳动者的工作效率因专业化的分工而有了大幅提高。同时，进行专业化的分工后，避免了由一项工作转移到另一项工作的时间损失，提高了效率，而且标准的操作流程也能简化工作，使一个人能够完成多个人的工作。第三，大规模的生产。随着个人工作量的提高，单位产品所分摊的固定成本就会下降。通过资源的共享，企业能集中处理多个业务单位的部分业务流程；通过专业化的劳动分工，整合了原来分散的工作任务，员工的专项工作技能得以提高，生产速度加快，提高了工作效率，降低了劳动成本。

1.2.2　核心竞争理论

核心竞争理论认为，企业应该明确自己的核心优势和核心业务。如果某些业务不是企业的核心业务，但对企业来讲也很重要，那么就应该把这些业务流程转移到企业内部的共享中心，从而让企业将更多的财力和物力投入核心业务的开发与发展，创造更多的核心优势，以提高企业的核心竞争力。核心竞争理论强调，企业必须让自己成为行业中的佼佼者和领头羊，成为产业价值链中的某一个环节，特别是关键环节上最有竞争力的一方，这样企业在市场上才有主动权。对于企业来说，任何资源都是有限而重要的，企业不可能在所有的领域拥有相同的竞争力，所以，企业必须认识到自己的优势，集中企业有限的资源投入自己所擅长的部分，把不擅长的事务性流程归集到内部的共享中心去运作，使企业的有限资源得到优化，提高核心竞争力。

1.2.3　业务流程再造

业务流程再造是 20 世纪 90 年代由美国麻省理工学院教授 Michael Hammer 和 James Champy 提出的。他们认为，为了飞跃性地改善成本、质量、服务、速度等现代企业运营基础，必须对工作流程重新思考并进行根本性的改革。业务流程再造是把传统的工作流程按照专业分工的原则进行革命性的拆分，然后由多个相对独立的部门来运作，将大量的需要重复处理的业务流程集合起来，进行集中处理，提高财务工作的运作效率。

1.2.4　扁平化架构

扁平化架构是指打破公司内部组织架构中过多的层次，扩大管理的范围，使得信息和任务能快速、有效地到达执行人员，这样的架构可以使组织更灵活、更敏捷。企业有了扁平化架构，可以灵活、迅速地应对市场和技术等方面的变化。企业应尽力扩大管理的范围，减少纵向的管理层次，使原先分散在各个业务部门的团队架构扁平化，优化组织架构，减少管理层次并相应地减少成本费用的支出。扁平化架构可以使各部门人员行为更统一，信息的收集和处理更快速。

1.2.5　管理信息系统

管理信息系统是利用电子信息技术和计算机技术对企业信息数据进行集中化处理与分析的管理系统，其主要任务是对数据和信息进行收集、整合、分析、处理、共享、维护。管理信息系统是企业集团进行智能财务转型的必要条件。通过应用智能技术，企业管理信息系统会发展得更加智能化，转型成为效率更高的系统性平台，为企业管理决策提供支持。

1.3 企业集团财务管理转型与发展

1.3.1 企业集团财务管理模式

在我国，大部分企业集团为管理型企业集团。由于一些管理型企业集团是政府或者国有资产主管部门通过划归管理或授权经营的方式组建成立的，存在先天性的不足，主要表现出产权不清、出资者不明、财务关系不顺、权责失衡、缺少外部监督机制等问题，致使内部人控制、团而不集、集而不团的现象比较突出。为了解决企业集团内部信息不透明、不对称和不集成，致使集团总部的高层决策者难以获取准确的财务信息等问题，应当选择建立基于"决策层—管理控制层—核算操作层"自上而下的全透明的财务集中管理和监控信息网络，以财务管理的进步促进企业管理的进步，提高集团核心竞争力的财务集中管理模式。实行财务集中管理的主要目的就是增强集团总部对下属单位的财务监控力度，这也符合企业集团财务管理的特点和原则。

此外，企业集团财务管理模式的选择，还要充分考虑企业集团当前所处的发展阶段、集团内部的组织结构形式、成员企业所在地的外部环境，以及集团整体发展战略等因素。任何一种财务管理模式都有利有弊，企业集团财务管理模式的选择要因地制宜和因时制宜。结合我国目前大多数企业集团的实际情况，管理型企业集团选择"财务信息实时集中，集权与分权结合"的财务集中管理模式为最优。

要保证企业集团能够从源头实时获取真实、正确的信息，必须建立集团财务信息一体化平台，主要有以下三种模式。

1. 实时集中模式

实时集中模式又称完全集中模式，是指集团总部与各下属企业之间建立实时的网络系统，形成信息一体化平台，集团统一制定财务制度，如会计制度、预算制度、人员权限等并下发给下属企业；整个集团只使用一套财务管理软件，所有分支机构作为集团的责任中心，在一套账簿里完成会计凭证填制、总分账簿登记、会计报表生成等工作，实现财务业务网上一体化在线处理。集团层面通过细化岗位职责和业务流程，赋予各级财务管理人员相应的权限，就可以达到重新配置财务管理权限的目的，对经济业务进行实时监督与控制，从而实现整个集团的财务集中管理。实时集中模式如图 1-1 所示。该种模式一般适用于需要对下属企业进行统一管理、实时控制、协同运作，并对内部财务报告的时效性、深度和广度要求都很高的企业集团。

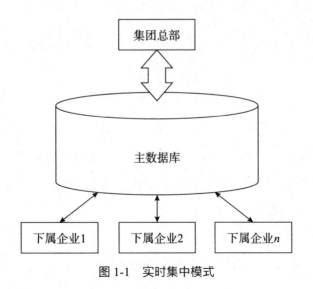

图 1-1　实时集中模式

2. 定期集中模式

定期集中模式是指集团总部与下属企业之间建立定期集中的财务信息一体化平台,在日常业务处理过程中下属企业将数据保存在当地,并定期通过网络等传输介质将各下属企业的账簿数据或者会计报表数据上传到集团总部进行集中管理。从企业集团管理和控制的角度看,采用定期集中模式,即将实时控制权和管理权下放给下属企业,集团总部主要通过定期数据汇总、查询、统计和分析,对下属企业进行有效控制和评价。定期集中模式如图 1-2 所示。

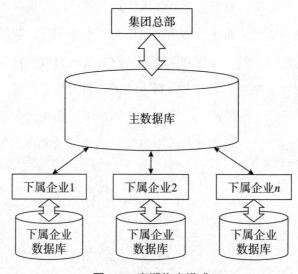

图 1-2　定期集中模式

从企业集团内部报告的要求来看,定期账集中模式和定期表集中模式对集团内部报告的支持度有较大的不同,定期账集中模式在内部报告的正确性、有效性、广度和深度上都优于定期表集中模式。

3. 混合集中模式

混合集中模式是指实时集中模式和定期集中模式相混合的模式,它具有两者共同的特征。例如,一些大型企业集团的业务涉及多行业,而且多为跨区域经营，因此，成立二级行业管理部门，并将三级相同行业的下属企业归属相应的二级管理部门进行管理。二级管理部门对三级企业采用实时集中模式，集团总部对二级管理部门采用定期集中模式，并要求不同的层级提供不同的内部财务报告。

1.3.2 传统财务管理模式

1. 传统财务管理模式的运行方式

传统财务管理围绕审核原始单据、记录账簿、编制财务报表等传统核算工作来开展，重点关注财务报表编制质量、是否遵循内部控制制度、是否遵循企业会计准则等传统财务管理事项，财务部门职责与财务人员岗位也是基于此设置的。在很大程度上，传统财务管理模式独立于企业经营活动之外，主要针对财务结果进行分析，属于事后分析。

2. 传统财务管理模式的弊端

传统财务管理模式以事后管控为主，缺乏对战略决策的信息提供与引导支撑，未对企业经营运行效率、资源使用效率等非价值指标进行管理，这会导致企业运行成本、投资额度等价值指标的恶化。如果没有采取有效措施对非价值指标进行管控，很大程度上会影响企业战略的实施，最终导致企业无法持续发展。传统财务管理模式的弊端具体表现在以下方面。

(1) 财务核算标准化程度不高。传统财务管理模式下，财务核算组织一般由行政级别的财务核算人员组成，财务人员分级分散处理核算业务。岗位一般按收入、成本、资金、往来、税务、财务报表、财务分析等划块业务进行设置，会计人员处理业务局限于本岗位单一业务。由于受到人员数量的限制，岗位人员很少进行轮岗或与其他岗位交流，导致业务素质无法全面提升。另外，各级人员受学历、能力等因素的限制，对会计准则、内部控制等制度理解、运用的水平不一，对 ERP 等财务核算系统的运用熟练程度不同，导致不同人员、不同公司对同类业务的核算标准不一致，财务核算标准化程度不高，进而影响财务信息的质量。

(2) 管理目标及行为存在短期性。传统财务管理模式下，财务管理以利润最大化为最终目标。以利润最大化为目标可以促进企业加强管理，提升核算规范性，进而提升企业的效益，但企业管理者为追求利润可能会注重短期效益而忽略企业的长远规划。

(3) 缺乏对外部环境的适应性。传统财务管理模式下，财务管理较注重企业内部管理，重点关注通过压降成本实现财务管理的目标，并将核算成本作为产品或服务的定价依据，缺乏对外部环境的深入研究和适应。

(4) 业务与财务融合不充分。传统财务管理模式下，财务部门仅仅是业务数据的被动接受者，对业务管理的指导不足，未建立有效的财务信息反馈机制，业务与财务的融合不充分；企业内部价值链管理未实现有效贯通，企业内部的建设、维护、运营、营销衔接不流畅；只注重对财务指标的解释、评价，缺乏对业务过程的服务支持与监控。

(5) 企业价值导向机制不健全。传统财务管理模式下，财务管理价值导向机制不健全，运营管理粗放，企业内部各主体之间往往只重视抢资源、分盘子、大投入，而对资源使用效益、投入产出回报关注不足。加之各层级 KPI 考核指标设置不合理，缺乏效益导向的统筹引导，不同运营主体、不同专业往往避重就轻，逃避责任。在这一过程中，全面预算管理的资源统筹配置不到位，企业内部各主体资源使用效益和预算目标执行的过程监控不足，对各类资源效益导向动态优化调整不及时，经营效益评价和过程管控支撑亟待加强。

(6) 对战略决策的支撑力度不够。传统财务管理模式下，财务管理处于企业流程末端，对财务结果形成的过程干预能力和手段不足，财务管理人员的专业能力、分析能力与前瞻性意识还有所欠缺，缺乏全局洞察的手段，在企业内部对前端业务的支撑不够，无法满足前端部门的各类信息要求，从而无法支撑企业的战略决策。

3. 传统财务问题的应对措施

针对传统财务问题，可以采取以下应对措施。

(1) 做好信息系统的顶层设计、统一规划与建设。做好顶层设计并统一规划、统一建设、统一运维是完善信息化系统的必经之路。目前，信息系统的整合方法有推倒重建法、中间件技术整合法、定制开发法三种。推倒重建法是指用新系统直接替换原有的系统，这种方法适用于功能比较单一的系统。中间件技术整合法适用于一些不可替代的关键系统，由于系统不可替代，只能添加中间件接口进行技术补充，整合成新的集成信息系统。定制开发法是指采用定制开发的形式进行系统的独立开发工作。值得注意的是，所有软件都有生命周期，一般每 5 年企业的需求就会发生变化，并带动软件更新换代。企业要抓住这一机会，在更新换代的窗口期设计、建设统一的软件和系统，以实现信息系统的更新与对接，预判企业在窗口期的实际需求是规划、设计系统的重点。

(2) 加强财务与业务的沟通。财务部门与业务部门应加强沟通和交流，财务人员应了解业务知识，帮助业务人员了解财务专业知识，使两者的沟通更顺畅。财务人员应转换仅从财务视角看问题的方式，改变过于关注风险的工作习惯，在解决问题时还要考虑公司怎样才能获得更多利润，考虑业务部门的实际需要，考虑财务管理决策是否符合集团战略目标，帮助企业创造价值，实现利润最大化。财务人员不应只在预算、资金结算时对业务部门进行管控，还要参与企业的整个业务流程，监控资金使用情况，密切关注企业外部环境变化，及时提供专业的财务分析服务，为业务部门做好决策支持。

(3) 实行业务财务流程一体化。企业需要实行业务财务流程一体化，改变财务部门与业务部门互相独立的状况。业务财务流程一体化是指通过信息系统使业务与财务流程相融合，实现业务与财务数据共享，减少了人为干预导致的错误。实行业务财务流程一体化方便财务人员及时监控经济业务活动，以及利用业务与财务数据做分析、决策，使管理者更及时、更清楚地了解企业经营情况和业务情况，提高数据利用价值。实行业务财务流程一体化需要重构财务流程。传统的财务管理主要以做报表为目的，信息使用者主要是外部监管人、投资人，财务流程设计是以商品消费者为导向的，很少考虑企业内部信息使用需要，使得财务、业务人员之间难协调。传统的财务管理模式已经过时，满足不了企业发展需要，企业需要财务部门最大限度地发挥管理决策职能，财务管理的作用要从价值守护转为价值创造。此外，重构财务流程时应以提高企业整体价值为导向，财务与业务人员应该是伙伴关系，共同为企业创造价值。财务流程重构的过程中还要调整财务部门组织结构，传统的财务部门组织结构包括决策层、管理层、执行层。执行层只负责日常核算和执行上级下达的决策。管理层负责上报会计信息并监督、管理执行层的工作。财务部门没有发挥支持企业的管理决策职能。调整财务部门组织结构时，应以业务流程为导向安排岗位职责，财务人员需要参与到业务流程中去，时时刻刻为业务提供决策支持，执行层应该被赋予更多权力。由于构建了财务共享中心，企业可以大幅减少核算岗位，执行层可以把更多精力放在管理决策上，做好日常业务执行的监督工作，为业务人员提供财务视角的决策帮助。

(4) 培养复合型人才。企业需要提高财务人员的业务和管理能力，具体可以通过建立完善的财务人员培训与发展制度、直接雇佣有业务经验的财务管理人员等方法来实现，以便财务人员能够胜任业务财务和战略财务的工作。新的财务人员入职时，可以先派他们去业务部门轮岗，参与研发、生产、销售、售后服务等所有业务流程，以便让财务人员全面、深入地了解业务的整个流程和运作机制，了解每个环节的工作内容，明白企业是如何创造利润的。同时，可以安排课程导师讲授业务和管理方面的知识，帮助新员工加深理解。企业还可以直接雇佣有业务经验的财务人员，比如在业务岗位工作过的财务人员，或本科毕业于业务相关专业但硕士毕业于财务类专业的应届生，并且在入职前让其先在业务部门工作一段时间；也可以让一些有管理经验的业务人员去接受在职或者脱产的财务专业教育，培养其成为具有业务管理能力的财务人员。

(5) 完善薪酬制度。为了调动财务管理人员的积极性，企业可以利用股权激励的方式对从事财务管理工作的人员发放股权进行激励，使员工的利益和企业的利益一致，促使员工以实现企业价值最大化为目标积极工作；还可以建立多层次的薪酬激励机制，分别对管理层、员工层面的不同岗位设计激励方案。对于业务财务岗位，企业可以制定提成工资的分配方案，业务财务人员的工资与项目收益直接相关，更利于发挥业务财务的积极性；还可以建立薪酬激励效果反馈机制，通过对薪酬激励前后的财务、管理指标进行分析与比较，评价当前薪酬激励机制的有效性和合理性，不断修正和完善薪酬激励体系。最后，企业应完善绩效考核制度，以提高员工工作效益为目标，按照定性与定量相结合的原则进行绩效考核。

1.3.3　企业集团财务管理模式的转型

智能技术的应用给财务领域带来了颠覆性的变化，原有的组织结构不能与企业的财务运作流程匹配，进而导致企业不得不调整原有的组织结构并优化传统的财务运作流程。智能财务对企业的转型提出了更高的要求，传统的财务管理模式需要做出改变，找到更符合智能技术要求的财务管理方式。企业集团的智能财务转型也需要转变财务人员的传统观念,财务人员不应该仅专注于财务会计,还应该将注意力延伸至财务管理及管理会计。同时,财务人员也应该对自己的财务管理能力进行提升,努力学习智能技术,将智能技术运用到传统的财务工作中。将财务人员培养成为智能技术专业型人才,企业才能在智能财务管理专家的带领下,成功进行智能财务转型。企业集团的智能财务转型不仅需要企业人才培养模式的转型、管控模式的转型,更需要企业组织结构的转型,在财务转型的过程中应注重组织变革。企业集团进行智能财务转型需要打造扁平化组织,使组织能够支撑企业的变革升级。另外,企业集团的智能财务转型加快了企业业务流程再造的过程,提高了业财融合的水平,财务人员不仅要注重对财务的管理,还要时刻关注企业的业务前端,财务工作需要与企业的业务环境相匹配,实现与业务工作的协同开展。企业集团进行智能财务转型的过程中,核算型财务会计需要进一步向智能管理会计平台转变,财务人员需要从传统的核算型人才向管理型人才转变。企业需要紧盯企业战略财务的发展目标,融合智能时代的各种新兴技术,加强业财融合的建设和组织流程的再造,基于此实现由财务会计向价值创造型、智能财务型的管理会计转变。

1.4　企业集团的智能财务转型路径

从国内外企业实施智能财务转型的实践经验来看,有三种路径:一是更系统,更注重财务控制、财务预测与决策;二是面向业务,提供支撑服务;三是优化财务组织,提升企业竞争力,集中投资于具有核心竞争力的项目。将三种转型路径有机融合,建立一套高效、精简的财务体系,可以实现企业价值最大化的最终目标。所以，企业集团的财务转型要聚焦收入增长、资源配置优化、资源资产效率提升、战略服务支撑等，依托财务人员、流程优化、信息系统的支撑构建战略型财务管理体系。具体来看，财务转型要从财务战略规划、财务共享中心建设、管理会计应用三个层级逐渐递进展开。

1.4.1　财务战略规划

财务战略规划首先应聚焦企业战略，全面提升战略支撑服务能力、价值管理能力、效益提升能力，促进企业价值可持续发展，持续推进与深化财务转型工作，以企业发展战略为引领，在财务组织角色转换、财务组织架构设计和财务组织职能定位三方面进行规划，如图 1-3 所示。

图 1-3　财务战略规划

1. 财务组织角色转换

财务人员应进行思维方式和工作方式两方面的转换，以推进财务组织角色从传统的"报账会计"向"风险管控专家""价值管理专家""战略支撑信息提供专家"转换。财务组织角色的转换应建立在核算和监督职能实现的基础上。财务组织应在做好基础核算工作的基础上充分发挥财务统筹优势，利用数据优势、全局优势、税务专业优势，参与业务过程，进行风险评估，在盈利测算过程中进行业务的过程管控，发挥财务专业顾问的作用，成为企业业务的风险管控与价值协同者。财务组织在成为"风险管控专家""价值管理专家"的基础上，通过财务数据与业务数据的衔接，从战略角度在企业变革中发挥统领作用，激发基层单元活力，逐步成为企业"战略支撑信息提供专家"。

2. 财务组织架构设计

财务组织架构要基于战略型财务管理整体框架，实现财务会计与管理会计相对分离又互相依托。企业应设置财务共享中心，形成传统职能集中化变革、核算一体化与财务组织扁平化；同时，构建企业级战略型管理会计，形成战略支撑能力。

3. 财务组织职能定位

在智能财务管理模式下，财务被划分成战略财务、共享财务和业务财务，实现指导、执行、分析的职能重构。

战略财务定位于服务企业战略的财务管理职责，形成价值管理、专业化财务、战略服务支撑，参与企业战略的制定和推进。战略财务负责财务管理变革、全面预算管理、战略成本管理、税务政策和筹划，资金、成本资源的集中管控和配置，会计政策和报表披露管理，评估财务流程风险，服务企业管理层和业务部门，是"风险管理专家""价值管理专家"和"战略支撑服务专家"。

共享财务的定位是在核算一体化、标准化、规范化、集中化的基础上，实现会计核算与财务共享，提供资金支付、报账审核、数据支撑、流程管理等标准化服务。共享财务负责落实内控管理要求、授权管理制度、会计核算规范和资金支付规定，通过集中化将会计核算流程制度化、稽核与对账标准化、资金收付管理规范化，确保财务报表信息的准确性、相关性与及时性，确保核算的权责发生制；依据统一的核算标准，负责营业收入、营销成本、管理费用、在建工程期间费用资本化，以及固定资产折旧计提等工作；还要负责财务报账从制单、复核到导入的全流程管理，编制与出具内部、外部财务报表，为公司管理层提供财务数据信息。

业务财务定位于业务支持和过程管控，负责与业务发展相关的经营计划和预算、业务模式分析，促进企业战略和政策向业务单元推进、落实；在成本管理导向下，基于企业预算配置原则执行风险管理要求，将财务共享中心提供的财务数据转变为有效的财务信息，服务基层单元，是业务部门的合作伙伴。

1.4.2　财务共享中心建设

共享服务的概念始于 20 世纪的美国，它是在企业国际化、信息化快速发展，经营规模高速增长的背景下，企业管理和控制活动的一项重大创新。企业通过对内部有关业务流程进行分析和评估，分离出一部分日常的、共性的、重复性的、可标准化的管理控制活动，由内部专门机构提供统一、标准、快速的处理服务。从分散的组织中获取资源、人力、技术优势，是实现企业内部各流程标准化和精简化的一种创新手段，有利于促进企业内部业务流程的简化和优化、标准的统一和集中管控，提高企业整体运行效率和效益。共享服务作为一种合作策略，它将企业现有的某特定子功能集中起来，形成新型的、具有自治管理能力的独立经营单位。该单位依照公开市场竞争性企业的机制运作，具备一定的管理结构，能够进行效率改进、价值创造、成本节约，并能不断改进对公司内部客户的服务。共享服务有利于促进企业内部业务流程的简化和优化，有利于业务标准的统一和业务的集中管控，能够提高企业整体运行效率和效益。目前，共享服务已经是国际先进企业广泛采用的管理模式，在财务、人力资源、信息技术、采购等业务领域较为普遍，其中，财务共享服务应用最广且最早。

财务共享服务是一种依托互联网、移动终端与电子商务的信息技术，将不同组织和部门中的财务业务集中到一个共享服务中心进行统一的处理和报告，以智能财务技术为基础，以优化组织结构、规范系统流程、提升流程效率、降低运营成本、强化决策支持、创造企业价值为目的，基于市场视角为内外部客户提供专业化、标准化服务的管理模式，是财务会计向管理会计转型升级的有效路径。

1.4.3　管理会计应用

1. 业财融合的财务体系

业财融合是指按照内部价值链形成运行机制并建立专业化的财务支撑体系，以业务单元为基础，将财务管理延伸到产品方案、市场政策、营销政策、行政综合等业务单元，明确财务支撑前端业务的职责，实现盈利测算、会计政策、风险防范的事前、事中管控，由会计核算向决策支撑、风险管理转型。通过专业化财务这个"抓手"将价值最大化的企业目标分解、落实到各业务流程和战略单元，以保证企业目标的顺利实现。通过财务管理与业务流程的紧密结合，主动为企业内部相关部门提供决策支撑服务，从运营角度对前端业务进行预测和规划，使财务管理支撑企业各业务流程，增加财务与各环节的协同，充分发挥协同效应。

2. 价值导向的全面预算管理体系

价值导向的全面预算管理体系面向企业战略，以企业价值最大化为最终目标，在传统全面预算管理的基础上，运用多种分析手段和技术，通过强化自由现金流、资产收益率(ROA)、经济增加值(EVA)等体现企业持续竞争能力的指标，使企业获得持久的竞争优势。价值导向的全面预算管理体系可以在预算编制、执行、评价的整个过程中将结果评价和过程评价有机结合，从战略高度正确评价企业经营的是非、得失与功过等，从而在顶层设计上确立企业在市场竞争中的战略优势地位。

3. 智能资金管理体系

智能资金管理体系以线上线下一体化为"抓手"，基于支付平台建立以订单为驱动、去现金化、去层级化、减少人工操作、责任清晰的全业务场景、端到端的业务管理体系，明确资金计划、支付、监控的要求。

综上所述，企业集团财务管理转型不是一个革命性变革，而是持续渐进且持续完善的变革，这就需要企业做好顶层设计、组织、人员、业务流程、信息系统等方方面面的准备，以适应发展需求，充分发挥智能财务管理的作用。

本章小结

在企业集团智能财务转型的过程中，要处理好智能财务转型的关键问题，选择智能财务转型的关键路径，逐步完善财务战略规划、财务共享中心建设、管理会计应用等，并做好新时代、新形势下的管理变革。企业集团的智能财务转型不是一蹴而就的，需要综合考虑各方因素，循序渐进地推进转型工作。

第 **2** 章　智能财务的
组织变革

过去三十多年，财务工作无论在形式上还是
在实质上都发生了巨大的变革，尤其是在智能财
务时代，财务管理的重点转向以业务为导向的财
务支撑和向其他部门提供业务分析、合规管控等
服务，帮助企业提高经营业绩。在这种要求下，
财务组织与时俱进发生了相应的演变。

2.1　财务组织的变革

随着社会的进步和企业的发展，财务组织同步进化与演进，主要经历了财会一体化阶段、专业分离阶段、财务分离阶段、外延发展阶段 4 个主要阶段，如图 2-1 所示。

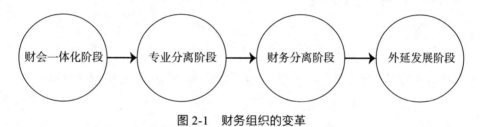

图 2-1　财务组织的变革

2.1.1　财会一体化阶段

早期，由于财务与会计两者有许多共同点，所以两者之间并没有明确的界限，财会一体化阶段的财务组织架构如图 2-2 所示。因为财务工作和会计工作都不从事实际的生产活动，而是通过货币来体现各自的职能。一方面，财务工作和会计工作都对企业有监督作用，又都参与成本核算和分析，并且都通过核算和分析为企业管理者提供决策依据，发挥帮助企业实现经济利益最大化、增产节约的作用。另一方面，财务工作以会计工作为基础，相互提供信息，两者的目标是一致的，都是为企业取得最大效益服务。因此，财会一体化阶段重点关注的是资金和资产的安全管理与成本控制。

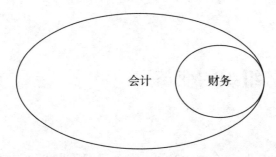

图 2-2　财会一体化阶段的财务组织架构

2.1.2　专业分离阶段

20 世纪 80 年代，随着经济的进一步发展，会计和财务两者逐步被分离开，两者的不同主要体现在职能侧重点上，专业分离阶段的财务组织架构如图 2-3 所示。会计的主要职能是核算和监督，即对资金的反映和监督。财务的主要职能是对市场预测、控制、决策和计划，即对组织的管理和资金运用。会计是面向过去，即对已经发生的交易和事项进行确认与记录。财务是面向未来预测和决策，即以历史的数据为基础，结合现状决策未来。在专业分离阶段，很多企业分别设置了会计部和资金部，会计管理重点关注核算、报告和税务等内容；财务管理重点关注预算管理、成本管理、绩效管理等内容。

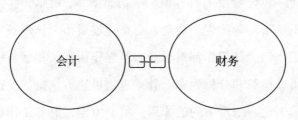

图 2-3　专业分离阶段的财务组织架构

2.1.3 财务分离阶段

20 世纪 90 年代，数字化技术的发展和深化应用给企业财务管理带来了翻天覆地的变化，传统的财务管理模式正在被新型财务管理模式所替代。财务组织进化成具有战略财务、专业财务、业务财务、共享财务四维架构的组织，如图 2-4 所示。

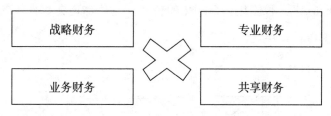

图 2-4 财务分离阶段的财务组织架构

第一维度是战略财务，其职责是规划财务战略和业务计划、制定财务政策和制度、开展决策分析、管理绩效等，属于财务管理的核心职能。虽然战略财务要求财务人员具备较高的能力，但紧迫度要求较低。

第二维度是专业财务，其职责是公司的投资与并购运作、资金运作及分析、税务筹划、筹融资管理等。专业财务团队一般由集团总部专家组成，要求具备较高的能力。当然，在企业有紧急业务需求时，会暂时聘请外部专家进行业务指导。

第三维度是业务财务，其职责是预算的预测、业财融合、经营分析与预测、成本管理等，聚焦业务财务分析，服务业务部门并从财务的角度助力业务开展和引领业务发展。

第四维度是共享财务，其职责是会计核算、资金结算、票据管理、财务报表出具等，更加聚焦于会计交易处理，关注业务处理的自动化、数据的处理和共享，以及共享服务质量、服务效率等。

基于四维财务职责，财务管理模式不再是金字塔模式，而是前中后台模式，如图 2-5 所示。其中，业务财务是敏捷前台，共享财务是数据中台，战略财务是智能后台。敏捷前台具有角色化、场景化和生态化的特点，具体体现在角色多变、业务应用场景多变、生态链接和应用更新迭代快等方面，能够同时满足标准化和个性化的业务。数据中台具有自动化、服务化和共享化的特点，具体体现在大部分交易依靠系统自动完成，并根据管理需要实现数据共享，实现共享财务人员的服务质量和效率大幅提升。智能后台具有即时化、智能化和金融化的特点，具体体现在数据能够被及时获取，快速支撑管理决策。

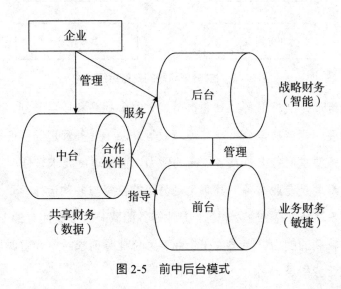

图 2-5   前中后台模式

2.1.4   外延发展阶段

2016 年，数字技术的进一步发展让财务工作向更广阔的上下游边界扩展，形成了完整的财务生态。战略财务对财务数据进行更深化的应用，甚至有的企业分化出数字财务部或财务数据中心。专业财务基于人工智能技术，使得管理会计的应用日趋加强。业务财务和企业业务更为紧密，有的企业按价值链或者产品类别配置业务财务人员。共享财务随着运营的成熟，开始提供深度的个性化服务和对外输出，如提供商旅平台服务、数据增值服务、业务交易外包服务等。基于共享中心标准化的业务流程，财务机器人的应用也愈发深入，价值更为凸显。同时，财务信息化团队成为独立的部门，逐步发展为财务智能化团队，负责财务智能化转型和发展。从整体发展上看，财务组织的架构从层级化向网状、矩阵和柔性化特征转变，这也对财务团队提出了更高的要求，如图 2-6 所示。

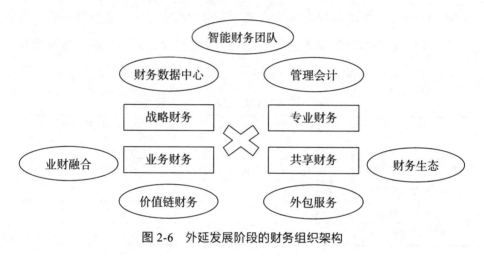

图 2-6　外延发展阶段的财务组织架构

2.2　财务组织的持续发展

　　随着社会不断进步和发展，企业要面对的不确定性越来越大，在这种情况下，财务也需要不断地创新来适应不断变化的外部环境。从另一个角度来说，传统的财务管理是一种刚性管理，而智能时代的财务管理体现出更多的柔性，两者有着明显的区别。

2.2.1　财务管理的刚性与柔性

我们发现，许多企业采用带有强制色彩的刚性财务管理模式，强调遵守和服从各种财务管理制度，完成各项财务指标，否则便给予惩处，这种刚性财务管理模式具有明显的强制性特征。和刚性财务管理模式不同，柔性财务管理模式则是在研究人们心理和行为规律的基础上，采用非强制方式，使人们心中产生一种主动性力量，从而实现企业财务管理的目标，把企业的财务管理意志转化为大家自觉的日常行动。可见，柔性财务管理模式是一种更加高级，更加人性化、民主化、理性化、科学化的财务管理模式。所以，柔性财务管理与刚性财务管理有着本质的区别，如表 2-1 所示。

表 2-1　柔性财务管理与刚性财务管理

项目	柔性财务管理	刚性财务管理
财务管理方式	更注重灵活性	强调集权或相对分权
财务管理的主导战略	多样化战略和市场领先战略	低成本战略
财务管理思想	快速反应、柔性化	规范化、专业化
财务管理体制	一体化管理	部门管理、层次管理
财务管理任务	协调服务、创新等多目标	单一目标

(1) 在财务管理方式上，柔性财务管理更注重灵活性，而刚性财务管理则强调集权或相对分权。

(2) 在财务管理的主导战略上，柔性财务管理主张多样化战略和市场领先战略，而刚性财务管理则主张低成本战略。

(3) 在财务管理思想上，柔性财务管理强调快速反应、柔性化，而刚性财务管理则强调规范化、专业化。

(4) 在财务管理体制上，柔性财务管理实行一体化管理，强调集成管理，而刚性财务管理则实行部门管理、层次管理，各工作环节按顺序衔接。

(5) 在财务管理任务上，柔性财务管理采取协调服务、创新等多目标管理，强调不断调整自身以适应环境、改造环境、与时俱进、不断创新。刚性财务管理则采用单一目标，强调建立财务管理的秩序、效率、稳定性和连续性。柔性财务管理和刚性财务管理在最终目标上是一致的，只不过在所采用的方法和手段、所遵循的管理思想等方面有显著差异。

柔性财务管理并没有否定刚性财务管理的必要性，因为刚性财务管理是柔性财务管理的基础。

因此，结合实际，企业财务管理要"刚柔相济"。首先，刚性财务管理模式一直将资金作为关注的焦点，而随着经济环境的不断变化，人们已经认识到人在财务管理中的重要作用。财务管理既是对资金进行管理，也是对人进行管理。企业只有调动员工的积极性，让员工参与财务管理，才能充分发挥每个人的智慧，提升企业财务管理的效率和质量。所以，柔性财务管理更加注重员工的尊严及其价值的实现。其次，刚性财务管理主要是对财务进行控制，主要任务是加强对各个部门工作人员的控制，使得他们能够按时完成任务，对部门之间的协调不够重视。随着市场经济的发展，财务管理已不仅仅强调对财务的控制，而更加注重对财务人员的激励。智能时代，只有采用激励的手段，才能更好地对人的财务行为进行优化，才能更好地体现企业的价值。最后，采用刚性财务管理模式一般以生产为导向，更加注重产品的价格和质量，并将其作为竞争的手段。采用柔性财务管理模式则要转变这种观念，应该更加关注市场，关注顾客的需求，将传统的生产导向转变为市场导向。

2.2.2　共享中心的柔性管理

在实际的工作中，我们发现刚性管理与柔性管理的冲突在共享中心的运营过程中更为突出，所以，通过对共享中心运营的分析更容易让人理解柔性管理及其发展的方向。

1. 共享中心运营面临的挑战

共享中心的出现不等同生产工具的简单替换。共享中心不仅是新技术在管理上的应用，更是自上而下、由内而外的管理变革，也是巨大的质变。对于集团型企业而言，面对核算系统不统一、业务范围广的情况，共享中心建设的技术难度不言而喻。共享中心运营的难度相对隐形，从思想和认识上更难注意到，因此相较于建设，更是难上加难。集团型企业的财务管理大多是分级次、分区域管理，而共享中心的出现是对原有的管理模式和管理界限的突破，甚至还有管理权限上收后的二次分配，这无疑将打破原有的相对平衡状态。由于对共享中心运营的重要性存在认知性差异，无法从顶层设计上统筹考虑共享中心的运营，对人在管理变革中的正反双向作用缺乏深入的思考和聚焦，给共享中心的成功运营带来了极大的挑战，如图2-7所示。

缺乏对共享中心运营重要性的认知	缺乏共享中心运营的成熟方法论	忽视了人在运营过程中的管控难度
• 国内大多数企业的现状是着重于提高共享中心的建设效率与建设质量。 • 忽视了共享中心为企业管理提供服务的功能，其本身就是对传统管理模式的冲击	• 集团型企业共享中心运营的可复制性因企业文化、管理需求等多方面的差异而存在较大的困难	• 人员年龄较新兴企业偏大，对新鲜事物的接受能力较弱。 • 对人员综合素质的要求高，符合条件的人员集中难度大。 • 人员迁移顾虑较多，态度大多是观望不前

图 2-7　共享中心运营面临的挑战

(1) 缺乏对共享中心运营重要性的认知。在集团型企业中，共享中心将传统管理和业务按照专业化的分工细分成无数个作业单元，在满足合理和高效管理要求的基础上，消除无价值和无效的作业，将保留的作业转换成刚性、标准化的流程，从而将信息标准固化到信息系统中。然而，国内大多数企业的现状是着重于提高共享中心的建设效率与建设质量，甚至在铺设范围和数量上投足了人、财、物等各项资源，但是忽视了共享中心为企业管理提供服务的功能，其本身就是对传统管理模式的冲击。若是无法做到自上而下的统筹规划和部署，集团型企业在共享中心的运营上就会存在区域差异化、人员集中度差、共享中心与生产业务之间冲突不断等矛盾，从而降低管理效率。管理的差异性带来的数据失真，使得共享中心无法实现真正的"共享"，这也会逐步成为大数据分析、云计算发展的绊脚石，与共享中心的建设初衷背道而驰。

(2) 缺乏共享中心运营的成熟方法论。共享中心的建设之所以呈快速发展的趋势，主要原因是在技术方面已经形成了可供参考的可复制、可推广的建设方法论。共享中心的运营，尤其是集团型企业共享中心的运营，其难度之所以比共享中心的建设难度更大，一是由于共享中心的运营在我国目前仍处于"第一次吃螃蟹"的探索阶段，尚未形成可量化的"模板"；二是从共享中心在我国发展的历程看，集团型企业共享中心的运营可复制性较差，企业文化、管理需求等多方面差异导致共享中心的运营缺乏成熟的方法论。

(3) 忽视了人在运营过程中的管控难度。共享中心建设的核心是对机器、流程的控制，而共享中心运营的核心是对人的控制。人的主观能动性和不确定性提高了共享中心的运营难度。尤其是集团型企业，由于建立时间早，基层单位环境相对封闭，人员的思想开放程度较低，存在较多的问题：一是集团型企业的层级较多，基层单位分布范围广，人员年龄较新兴企业偏大，接受新鲜事物的能力较弱；二是共享中心运营过程中对人员综合素质的要求高，符合条件的人员集中难度大；三是因制度保障机制和人员职业发展规划在共享中心建设初期考虑不周，人员迁移顾虑较多，态度大多是观望不前。

2. 共享中心柔性运营之路

(1) 统筹规划。在智能时代的大背景之下，信息技术产业蓬勃发展，集团型企业应有高瞻远瞩的战略眼光，进行全集团层面的统筹规划、集中部署，才有可能跟上信息技术发展的步伐。会计政策、业务标准、业务流程、信息系统、管控规则等的统筹规划可以减缓共享中心的运营压力，为共享中心进行数字化的变革打下坚实的基础。

(2) 建立专业化运营团队。企业应透彻分析因共享中心的建立而带来的管理突破，只有自上而下地从思想上重视服务中心的运营，才能使新的管理理念在层级较深的集团型企业的执行层面得到更为深入的贯彻，从而明确共享中心的职能定位和发展路径。

(3) 循序渐进。因企业之间存在文化、氛围等方面的差异，即便有其他企业的成熟经验，运营过程中也不能完全照搬。因此，集团型企业经过统筹规划后，需要谨慎挑选情况复杂、体量大的二级管控公司作为试点，注重总结共享中心在公司内推广的过程中暴露的问题和风险，平稳运营后，再将经验进行总结并推广到集团范围内。

(4) 人员管理。共享中心的员工年龄分布不均，年龄较长、经验丰富的员工大多不愿意长期因工作原因两地分居影响家庭生活；刚入职的员工因经验不足，对业务理解不够深入，短期内难以满足共享中心对人员素质的要求。因此，采用灵活的员工轮岗方式可以较好地解决短期人员缺口问题。

(5) 后勤保障。企业应在制度、福利等方面提供保障，解决员工的后顾之忧。集团型企业相较于新兴企业，员工晋升渠道单一、流动性低、竞争意识较弱，再加上薪资在一定程度上无法按照多劳多得的原则进行公平分配，容易使思想上产生懈怠情绪的人将公司当成"养老院"进一步恶化公司文化和风气；同时，也会导致某些有梦想、有干劲的年轻人无法充分发挥潜力，造成极大的人力资源的流失。企业对共享中心的定位，决定员工未来的发展方向。通过建立共享中心人员晋升制度、共享中心人才培养制度等相关制度，为人员未来的职业发展提供有力的支撑和制度保障，让有能力、有梦想的人可以基于共享中心用心发展，放心成长。

(6) 建立张弛有度的考核机制。共享中心不仅应对共享中心人员的标准化、规范化程度进行奖励和惩罚，更应该对与共享中心直接衔接的业务人员的不规范、不标准的行为进行严肃惩戒，以儆效尤。共享中心的运营应从顶层设计上解决管理职能改变带来的冲突，解决因共享中心刚性管理带来的人情矛盾，不让冰冷的考核制度使尽职尽责工作的员工"寒心"。通过建立张弛有度的考核机制，让每一位共享中心员工微笑服务。

(7) 建设严肃又活泼的企业文化。共享中心是企业的财务人才培养中心，是年轻干部成长的"摇篮"。与新兴企业相比，集团型企业的企业文化较为陈旧，对个性差异较大的年轻人吸引力较弱。企业可以通过对企业文化的重新定义，体现企业的人文关怀，吸引更多年轻人在制度的框架下更加自由地发展。

综上所述，共享中心的出现，不仅是一场大势所趋的技术革命，更是一场管理韬略的比拼。企业只有在发展战略上高瞻远瞩，才能在"万物互联"的数字时代站稳脚跟；只有加强柔性管理并增强对人才的培养和关怀，才能把握时代发展的命脉。说到底，人才是第一资源。

2.2.3　财务领域的新概念

近几年，财务管理理念和管理技术的发展越来越迅速，要求财务组织的职能、人员的知识和技能快速转变，财务领域也出现了很多新概念，如图 2-8 所示。

图 2-8　财务领域的新概念

1. 数字财务

数字经济时代，财务部门自身需要积极拥抱数字技术，改善运营模式，更好地为业务发展提供服务。财务负责人需要重新审视企业过去的数字化战略，以及数据、资源和能力基础，并积极应对外部环境的飞速发展，在转型规划、战略决策、业务支撑、风险控制、数据与技术等方面发挥作用，推动企业数字化转型。财务负责人必须重新制定一套全新的流程，围绕整套流程重新设计财务活动与组织架构，同时在数字技术应用上不断深化和提升并打造数字财务。

2. 平台财务

随着平台经济的崛起，企业更加重视生态系统的构建和管理。商业竞争已由企业个体之间的竞争上升至供应链、产业链平台乃至整个生态系统的竞争。平台化思维被应用到财务领域，企业搭建起"财务中台"并成为业务活动与财务管理的桥梁。财务中台借助科技赋能、金融赋能和财务赋能，提升资金、资产与各项资源要素在产业链条上和生态系统里的配置及流转效率，从而提升产业链和生态系统的财资效能，实现整体的价值创造。同时，通过应用人工智能、物联网、机器人流程自动化、区块链和协作网络等技术，采用多种开放模式，连通生态系统，进行智能预测、自动化报告和交易、前瞻性生态伙伴管理，助力企业降低成本和管控风险、发掘新价值来源，将财务部门打造成企业新的价值创造中心和赋能平台。

3. 敏捷财务

在敏捷财务模式下，企业所做的规划和预测都要与市场上正在发生的事情保持同步。敏捷财务功能让企业的利益相关者能够利用现代技术方便、快捷地获取他们需要的信息，而无须等待财务部门的传达和报送。业务线的负责人也可以随时看到他所在区域业务的进展情况，如果有需要，还可以及时纠错和调整。

4.智慧财务

智慧财务是指依托大数据、云计算、移动互联网、人工智能和区块链等先进技术，推动实现传统财务向数据共享和信息传输自动化、财务职能智能化及机器学习智慧化财务转变的重大变革，最终最大限度地发挥财务数据价值。智慧财务存在两方面的价值：对内价值在于加强财务管理智能化水平，促进财务核算、财务分析与预测、风险控制的智能化，减少人工操作，降低误判和漏判的可能，同时有效地释放财务人力，提升企业整体的运营效率和可靠性。对外价值在于推动业务发展，为业务部门提供高质量的数据信息，真正为企业管理层赋能，提高洞察力；收集客户的交易特征、风险偏好及渠道偏好等信息，形成体系化的模型，提升客户满意度和客户黏性，促进客户资源共享。

2.3　智能财务团队

智能财务发展的核心竞争力是人才，从国内外智能财务实践来看，财务组织变革到外延发展阶段的企业纷纷建立了智能财务团队。智能财务团队是企业财务组织内部的组织，是基于智能化理念、人工智能理论和方法，以及创新思维，推动财务组织中其他职能使用智能化工具提高效率、质量或者使用人工智能取代人工作业的组织。智能财务团队要依据当前的环境情况进行设置并按照智能财务团队运行框架运行，如图 2-9 所示。

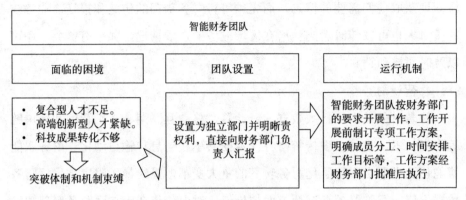

图 2-9　智能财务团队运行框架

2.3.1　智能财务团队面临的困境

1. 复合型人才不足

随着企业财务智能化水平的不断提升，财务智能化人才相对缺乏。在存量上，在职的传统财务人员在技能上不能满足智能化发展的需要，懂业务、熟网信、善管理的综合性财务人员很少。在增量上，全国有三千多所高校，很多高校里会计专业招生人数最多，但是专门的智能财务专业这几年才逐步开设，很难匹配企业的需求。

2. 高端创新型人才紧缺

财务智能化发展所需人才包括创新型人才、应用人才和技术人才三大类。应用人才和技术人才可以由企业在短期内培养出来。然而，由于创新型人才更聚焦数智能力、国际竞争能力、创新力、数据和专业实践能力，属于高端人才，对人才的素质要求更高，市场上的高端人才竞争更为激烈，所以此类人才异常短缺。

3. 科技成果转化不够

智能化的最终目标是将科技成果转化为生产力,提高企业的经济效益,降低业务运营风险。然而,传统财务人员在思维上对科技创新的意识相对薄弱,不能很好地将科技成果转化成生产力,同时成果保护意识不够。

综上所述,智能财务团队需要选择具有财务、技术复合能力,更聚焦有国际视野和有创新意识的财务人员,但是在实际操作中,上述因素导致企业需要很大的魄力和决心才能突破体制与机制的束缚,最终组建智能财务团队。

2.3.2　智能财务团队的设置

总结国内大型企业集团的实践经验可知,较可行的方法是将智能财务团队设置为财务内设机构,由财务负责人直接领导。一般来说,可将智能财务团队设置为独立的部门并明晰相应的责权利,其主要职责如下:为财务部门开展科学研究、管理创新、技术改造、制度规范、人才培养提供咨询和智力支持;负责对智能技术进行战略性研究,挖掘财务管理领域的应用场景,评估可行性并制订方案;负责和 IT 部门进行有效衔接,并推动智能化应用落地;负责对财务运营中出现的重大疑难问题提出指导性意见;负责对智能化应用进行定期评价并提出发展建议。

2.3.3　智能财务团队运行机制

智能财务团队按财务部门的要求开展工作,工作开展前制订专项工作方案,明确成员分工、时间安排、工作目标等,工作方案经财务部门批准后执行;财务部门对工作实施过程进行监督,根据工作方案抽查关键时间节点工作目标完成情况,及时对未如期完成进度的工作进行督导、推进。

2.4 财务创新体系

财务创新体系包括制度创新、管理创新和创新实践，三者相辅相成，如图 2-10 所示。从制度创新的角度来看，财务创新集中体现为财务治理和财务控制的创新。通过财务制度创新，企业可以与外部利益相关者保持良好的协调及合作关系，同时在企业内部实施有效的财务控制。从管理创新的角度来看，企业通过财务创新重新组合了财务管理中的各种要素，并创造出一种更符合企业发展要求的财务资源整合模式。从创新实践的角度来看，财务创新是管理、制度、技术等落地并转化为真正的生产力的实践。

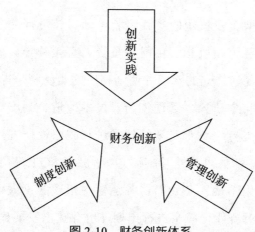

图 2-10　财务创新体系

2.4.1　财务制度创新

财务制度创新是指利益相关者为达到利益协调并合作的目的而对财务做出的重新安排。一种新的安排只有在创新提高了潜在的利润或者导致了成本的降低，达到经济合算时才会发生制度创新。企业制度创新表现为从一种均衡状态到不均衡状态，再到新的均衡状态的制度变迁过程。企业财务制度创新体系主要包括财务治理与财务控制两方面的内容。财务治理与财务控制两者既各自独立又相互联系。财务治理的核心是解决财权在不同治理主体之间的配置问题，注重利益相关者之间的利益协调，属于企业治理的范畴；而财务控制的核心则是通过一系列的控制措施和方法进行企业的价值管理，反映了财务管理的基本职能，属于内部控制的范畴。

1. 企业财务治理创新

因为财务治理是企业治理的一部分，所以企业治理理论对财务治理理论的指导是全方位的，财务治理理论在研究问题的角度、思路和方法等方面必然要遵循、借鉴企业治理理论。从利益相关者理论出发，企业治理应当为利益相关者服务。因此，企业财务治理应当兼顾利益相关者的根本利益，并让关键资源所有者参与财务治理。关键资源在不同的企业以及企业不同的成长阶段，其含义是不同的，物质资本是关键资源，人力资本也是关键资源。由于人力资本在企业发展中起着越来越重要的作用，同时人力资本作为关键资源在企业中的"谈判力"正日益加强，因此，有必要让员工参与企业的财务治理。关键资源所有者参与治理也是激励约束机制的一种创新体现，可以大大激励关键资源所有者的积极性，从而为企业的可持续发展投入专业化资源。

2. 企业财务控制创新

财务控制是现代控制论在财务管理活动中的应用，是财务管理的核心，与财务预测、财务决策、财务分析和评价一起成为财务管理的核心职能。一个全方位的财务控制体系至少应当包括三个关键点：第一，运用实时的财务控制方法，如预算管理、财务中心、财务业绩评价等，从而对业务活动展开事前、事中、事后的监控；第二，设立多道财务防线，为财务活动稳健、高效运行提供有力保障；第三，注重关键控制点的财务控制创新。

关键控制点是指对该点的控制效果和效率将决定整个控制体系的效果和效率。企业的关键控制点在于现金、存货和信用风险的控制，因为当前许多企业财务控制的漏洞就发生在这三个关键点上，所以需要重点关注。

2.4.2　财务管理创新

财务管理创新是指财务在管理层面的创新，是企业为适应环境变化而对财务管理要素所做的重新组合，从而重构和提高自身的财务能力。在企业持续创新的过程中，财务创新发挥了至关重要的作用。企业的财务创新是管理创新的核心和主导性创新，是一种打破惯例的行为活动。由于惯例的稳定性，企业的管理创新活动很难自动发生，而财务创新的先锋作用是推动了企业必须进行的管理创新。因此，财务创新应当贯穿企业发展的始终，只有持续的创新才能为企业持续发展提供动力。需要重点关注的是，突变性的财务创新，如债务重组，有时也可以为企业的持续成长提供某种可能性，但这种成本并不是每个企业都能承担的。因此，渐进式的财务创新才是促进企业可持续发展的有效路径。具体地说，企业财务管理创新主要包括以下几方面的内容。

1. 企业财务观念创新

企业财务观念创新是企业一系列财务创新的前提和基础，只有财务观念有所创新，才会产生突破惯有思维的动力。财务观念的创新必须有助于指导实践，允许观念超前，但必须具有一定的可行性。通常把财务观念的创新分为当期的财务观念创新和远期的财务观念创新。当期的财务观念用于指导现阶段财务活动，远期的财务观念起到一个远景性的指导作用。

2. 企业融资创新

企业融资创新是解决企业融资难的问题和促进企业可持续发展的有效

路径，融资创新是企业因"惯例"无法适应内外部环境变化而在融资环节所进行的重构，并由此获得促进可持续发展的融资能力。企业融资创新主要体现在积极建设信用价值与管理体系、创新企业融资方式、培育良好的财务关系三方面，进而帮助企业缓解融资困境。

3. 企业投资创新

企业投资创新是指企业为重构和提高投资能力而进行的资源要素的重新整合。企业投资创新主要体现在建立科学的投资理念、建立科学的投资决策体系、研发投资创新三方面，帮助企业提高投资能力。

2.4.3 财务创新实践

在智能时代，企业财务创新既是时代变革的必然结果，也是智能化转型的必然要求。总体来讲，智能时代的企业财务创新实践有几个大方向，如图 2-11 所示。

全面预算管理创新	创新应用滚动预算、零基预算、弹性预算、情景分析的工具与方法，提升预算管理机制对环境的适应性，实现资源的有效配置
资金集约经营创新	借助金融科技手段，创新金融服务方式，充分挖掘并释放数据资产的金融价值
成本管理创新	建设跨职能团队，推进跨组织成本管理，实施项目精益化成本管理
信息治理创新	整合企业经营数据资源，完善基于信息技术的信息共享机制
制度建设创新	通过制度明确财务前中后台的职责边界和职责关系；优化业务流程，统一财务标准，持续提升财务工作质量与效率

图 2-11　企业财务创新实践的大方向

1. 全面预算管理创新

企业应以战略目标为牵引，以业务预算为基础，以业绩考核为手段，推进年度预算与战略预算、财务预算与业务预算的有效衔接，创新应用滚动预算、零基预算、弹性预算、情景分析的工具与方法，提升预算管理机制对环境的适应性，实现资源的有效配置，全面建成体系科学，管理闭环，规范高效，横向到边、纵向到底的全面预算管理系统，进一步提高全面预算精益管理水平。

2. 资金集约经营创新

企业应坚持产业化、生态化理念，提升金融服务产业能力，加强资金的统筹运作，提高资金使用效率，加快发展供应链金融，发挥产融协同效应，借助金融科技手段，创新金融服务方式，充分挖掘并释放数据资产的金融价值。

3. 成本管理创新

企业应以战略成本管理为导向，以全价值链成本管理和全生命周期成本管理为主线，聚焦成本管理质量的提升，强化设计源头管理和成本动因分析，建设跨职能团队，推进跨组织成本管理，实施项目精益化成本管理，全面建成目标明确、责任清晰、管理精益的成本管理系统，提升成本管控能力和培育竞争优势。

4. 信息治理创新

企业应整合企业经营数据资源，完善基于信息技术的信息共享机制；提升数据治理能力，方便、安全、快捷地利用数据提供决策支持，提高各层级决策支持能力；为价值管理提供数据支撑，划小数据核算单元，充分发挥数据对价值创造、分配、计量和评价等的支撑作用。

5. 制度建设创新

企业应坚持系统化理念，推进流程和制度的体系化建设。通过系统梳理企业财务制度，建立健全科学、高效的财务工作流程，持续提升财务治理的科学性、规范性和实效性；通过制度明确财务前中后台的职责边界和职责关系，优化业务流程，统一财务标准，持续提升财务工作质量与效率。

智能时代的企业正在发生深刻变革，除上述内容外，企业财务管理还需要在思维方式、组织方式、工作方式和重要领域等方面进行全面创新，以助力企业的数字化转型和战略发展目标的实现。

本章小结

当前环境下，财务组织不断地演变和持续发展并由此产生了很多新概念，企业必须面对新的挑战，这就要求所有财务人员都提前做好准备。当然，人是智能时代的核心竞争力，智能团队的建立是智能时代的重要标志，而财务的创新升级是企业持续发展的核心竞争力之一。

第 **3** 章   **智能财务的
管理变革**

     近年来，财务管理领域可谓潮流涌动，许多
新的管理思想迅速传播开来、落地生根，财务管
理者的思维模式和能力结构发生了重大的变化。
为顺应时代发展，财务人员应该以审视者的角度，
冷静把握这些趋势背后的变化规律，主动适应财
务管理变革并与之共同发展。

3.1　智能时代的财务管理思维

　　思维模式的转变是财务管理者适应变革，提升自身能力，推动财务升级转型的前提。在传统财务管理中，成本效率优先的思想根深蒂固。在这种导向下，员工容易步入低士气陷阱。由于长期面对大量高强度、重复性的工作，面对严苛的效率和质量指标要求，员工容易逐渐丧失对工作的主观能动性。在智能时代，财务人员需要转变传统财务管理思维模式。财务人员需要掌握和运用新科学管理思维、柔性运营思维、互联网思维、架构思维等思维方式，并结合实际情况将其运用到日常工作中，如图3-1所示。

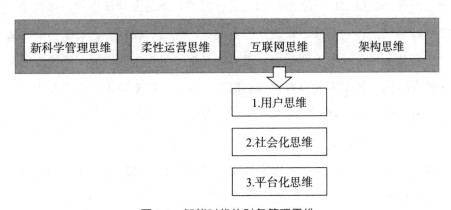

图 3-1　智能时代的财务管理思维

3.1.1　新科学管理思维

新科学管理思维是一种强调将"客体至上的效率哲学体系""主体至上的行为哲学体系",以及"主客体统一的系统哲学体系"相融合的管理思维。新科学管理思维强调在提升效率、质量,降低成本的同时,关注对员工主观能动性的调动。财务管理者应当具备新科学管理思维,将对员工的关怀、培养及激励提升至和效率、质量、成本并重,激发员工的工作激情,从而实现基于员工主观能动性的高绩效结果。

3.1.2　柔性运营思维

传统财务管理模式是典型的以制度为中介,对人的行为和组织的目标进行约束与匹配的模式。这种模式更多的基于刚性运营思维。刚性运营需要有稳定、统一,以及可以预测的业务需求。同时,在产品加工过程中,刚性运营一般以规模经济为基础,进行同类业务的大批量作业,强调统一性和标准化,作业完成后要进行质量测试。此运营模式下,员工需要完成单一作业,尽量减小工作差异,没有或者很少进行在职培训。刚性运营能够带来规模、效率下的成本优势,但在实践中,越来越多的企业管理者不断提升要求,他们希望财务具有更大的灵活性,能够应对更为多样和复杂的业务场景。柔性运营思维的应用能够很好地应对日益提升的管理要求。在柔性运营模式下,需求可以多样化,可以具有不可预测性和不确定性。在运营过程中,柔性运营以范围经济为基础,进行大批量、多样化的生产,解决差异性和柔性的自动化处理问题。质量控制方式从事后测试向前期的质量环境建设和质量控制转变。对员工来说,需要从原来的一专一能转变为一专多能,当业务需求发生变化时,能够灵活地进行资源调配。财务的刚性是与生俱来的，也是不可或缺的，这是企业安身立命之本。但财务管理者必须意识到，刚柔并济才是财务管理的主流趋势，培养柔性运营的思维和能力刻不容缓。直观地说，刚性思维模式就像一条直线式的生产线，而柔性思维模式是在这条直线式生产线上进行差异分流处理，同时允许员工进行生产线上的多流程、多环节处理，通过组织的柔性、技术的柔性、流程的柔性带来财务运营的多种可能。

3.1.3　互联网思维

互联网本不是一种思维，但近年来随着移动互联网的兴起，创新商业模式层出不穷，人们在此基础上总结出一套新的思维体系。今天，财务管理的互联网思维并不仅仅指依托互联网技术开展财务的运营，还包括互联网时代的一些新的思维模式。其中，用户思维、社会化思维、平台化思维都是企业在财务管理中可以引入并应用的。

1. 用户思维

用户思维在互联网领域体现为长尾效应、参与感以及对客户体验的持续追求。在财务领域，首先需要树立以客户为中心的立场，并将客户的范围从财务领导向业务领导、业务部门员工、公司终极客户进行有层次的拓展。同时，引领客户参与日常的流程、服务及质量改善活动，依托客户的参与感提升财务工作在组织中的价值，并更好地提升运营效率，服务客户。

2. 社会化思维

社会化思维在互联网领域体现为社会化媒体的广泛应用及众筹、众包等的出现。社会化媒体(如微信等工具)的出现，使得财务与员工、客户之间的交互更为便利和友好，并在很大程度上提升了客户的满意度。众包的出现，使得财务从物理集中到逻辑集中成为可能，员工未必一定要在现场工作，具有广泛数量的中国财会群体可以众包的形式参与财务的运营。

3. 平台化思维

平台化思维在互联网领域的技术层面体现为技术资源的整合。财务部门应当构建技术平台，实现业务和财务的对接、企业和供应商的对接、企业和银行的对接，将财务打造成联通各方的平台和供需双方的桥梁。另外，平台化思维也体现为员工个人的平台化，使"人人都是 CEO"的理念深入人心，从而调动员工的积极性。

3.1.4　架构思维

架构思维常常被用于描述一个事物，如组织架构、软件架构。对于财务管理者来说，架构是有层次的。在全局范围内，管理者应关注整个财务部门的业务架构，包括战略、组织、人员、业务流程、运营管理、信息系统等多方面内容。财务部门负责人应当具备相应的架构思维和架构能力，能够从一定的高度去审视财务的运营与发展。

3.2　智能财务的能力框架

智能财务的能力框架可以从战略财务、业务财务、专业财务、共享财务的组织发展维度，结合财务会计、管理会计的业务维度，以财务数智建设和财务队伍建设作为支撑与保障来综合构建，如表 3-1 所示。

表 3-1　智能财务的能力框架

战略财务	业务财务	专业财务	共享财务	支撑与保障
财务战略	工程财务管理	健全财务报告体系	共享中心建设	财务数智建设
全面预算管理	供应链财务管理	司库 / 资金管理	共享中心运营	财务队伍建设
资本运作	海外财务管理	税务管理	共享中心外包及众包	—
经营分析	业财一体化	资产管理	—	—
财务合规风控	—	成本管理	—	—

3.2.1　战略财务

1. 财务战略

从整体视角解读和把握企业战略，是管理者所需要具备的框架思维能力，决定了对企业全局的掌控程度，具体包括战略制定、业务配合、财务资源配置和业务沟通。

2. 全面预算管理

全面预算管理是指对企业资源的全局配置和应用，并对未来工作做出提前安排，其重点是和业务做好协同，具体包括全面预算目标确立、全面预算编制、全面预算控制和调整、全面预算评价与考核。

3. 资本运作

资本运作是指使用金融工具对企业资本进行整体配置，进而推动企业资产优化和调整，达到资本结构的最优，具体包括资本市场运营、资本融资、资产重组、市值管理与规范运作、产融结合。

4. 经营分析

经营分析是财务和业务融合的核心价值之一，其通过对业务经营的分析找到不足并提出建议，实现对决策的支持作用，具体包括经营分析报告、关键绩效指标(key performance indicator，KPI)体系、绩效考核和重大项目管理。

5. 财务合规风控

财务合规风控是指对业务过程中的重大风险进行识别，并采取相应的预防措施，保障业务风险可控，具体包括财务合规控制、重大财务风险控制、重大经营风险预警和财经纪律监督。

3.2.2　业务财务

1. 工程财务管理

工程财务管理是指建立贯穿工程项目建设前期管理、实施阶段、竣工阶段、项目后评价阶段全过程的管理体系与规范，具体包括立项评估、工程成本核算、执行情况汇总和投后评价。

2. 供应链财务管理

供应链财务管理是指将供应链财务与业务紧密结合，对采购、生产、营销等业务环节提供财务支撑和优化建议，具体包括采购财务管理、生产财务管理、库存财务管理和营销财务管理。

3. 海外财务管理

海外财务管理是指针对不同国家和地区制定相应的财税政策，满足当地的监管要求并建立适应海外业务的财务模板，具体包括海外财税政策和海外财务管理。

4. 业财一体化

业财一体化是指建立业财融合一体化运行的流程和业务流、信息流、资金流三流合一的信息系统，具体包括业财一体化流程和业财一体化信息系统。

3.2.3　专业财务

1. 健全财务报告体系

健全并统一财务报告体系，不断提高企业财务规范化、标准化、自动化水平和会计信息质量，具体包括财务标准化、财务核算自动化、会计报告、管理会计报告和全维度分析。

2. 司库/资金管理

司库/资金管理以现金流合规、安全、高效为核心目标，强化信息归集、动态管理和统筹调度，实现资金的高度集约管理和动态监控，具体包括资金集约管理、融资管理、现金流管理、委贷与担保、资金信息系统管理。

3. 税务管理

税务管理是指通过强化税务风险防控和税务管控评价机制，实现分业务、分流程、分税种的精细化管理，具体包括税收政策研究、税收筹划、税务风控、境外税务管理和税务评价。

4. 资产管理

资产管理是指实现资产全周期价值管理，不断提高资产保值增值水平，具体包括产权管理、资产分类优化、资产运维、资产减值和资产退出。

5. 成本管理

成本管理是指构建成本标准化体系，提升成本管控效能，健全全员、全要素、全价值链、全生命周期成本费用管控机制，具体包括标准成本体系、成本核算、成本控制和成本分析。

3.2.4　共享财务

1. 共享中心建设

构建共享中心业务框架并形成覆盖管理、业务、技术的建设方法论，具体包括确定战略定位、明确组织人员分工、梳理业务流程和建设共享信息系统。

2. 共享中心运营

服务于共享中心的日常业务，并对业务进行有效监督和指导，具体包括服务水平协议、人员管理、质量管理、服务管理和风险管理。

3. 共享中心外包及众包

对供应商和众包资源进行有效管理并获得相应的回报，具体包括外包供应商管理、众包资源管理和众包平台建设。

3.2.5　支撑与保障

1. 财务数智建设

财务数智建设是指依托财务系统的高度集成，建立智慧、敏捷、系统、深入、前瞻的数字化、智能化财务，具体包括财务与业务系统集成、财务自动化与智能化处理、财务数据分析与决策、财务信息安全。

2. 财务队伍建设

财务队伍建设是指培养一支面向未来的复合型专业人才队伍，具体包括财务人才规划、财务人才选拔、财务人才管理和财务人才评价。

3.3　智能时代的财务人员

智能时代，新技术的发展影响着社会生产生活的方方面面。在发展过程中，表现出几个突出的特点，如图 3-2 所示。

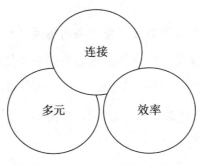

图 3-2　智能时代的特点

第一是连接。个体之间的连接更紧密和更广泛，个体之间的沟通规则也发生了质的转变。这些不但推动人与人的沟通方式和技术的不断演变及进步，同时也推动物与物之间的数字化连接。物联网的发展极大促进了生产的进步和效能的提升。

第二是多元。多层次数据处理技术的叠加应用促进了对多种数据的收集、整理、存储和建模，大大扩展了可获取和可整理的数据的类型。尤其是新的数据库技术的出现和发展，极大提升了采用传统技术难以进行存储、索引和元数据管理的非结构化数据的治理水平。多元的数字类型使得数据更加混杂，多类型数据和数据处理技术的复杂相关成为这一阶段的显著特征。

第三是效率。效率不断提升是所有数字技术的突出特点，比如高速数据传输和超级计算机的发展都体现了数字时代不断提升效率的努力。效率提升的主要表现之一即速度的提升。在当前社会发展阶段，新工艺生产效率的提升、5G 高速通信技术的发展、海量数据的获取和处理速度的加快、生产制造工艺流程的加快等都非常显著，同时也对财务人员的知识和能力提出了新的要求。

3.3.1 财务人员面临的挑战

智能时代，财务人员和财务工作面临的挑战主要有两类：一是传统财务的数字化转型，主要是由企业整体价值链的数字化转型而导致的财务人员能力结构的转变；二是在业务逻辑、流程、方法都没有本质改变的前提下，新技术的引入而导致的财务运营和操作层面的变化，即业务模式转型。

1. 财务数字化转型

在智能时代，财务人员开展业务的逻辑和方式发生了巨大的变化，例如财务合规性的管理不仅需要关注财务报告的完整性、准确性，以及信息披露的合规性，还需要关注与信息技术相关的流程和规则的合规性。相应地，这类挑战还包括财务分析需要通过新一代的商业智能系统来提升对更大规模和更高频度数据进行处理的能力，尤其是涉及高频交易数据的处理和合规性管理。同时，会计凭证与发票的电子化导致的业务流程规则调整，以及财务档案电子化管理都对财务人员提出了新的要求。

2. 业务模式转型

数字技术的进步导致业务模式发生了明显的变化。例如，传统企业将所有财务工作都放在企业层级的财务部，随着信息系统的升级和数据处理能力的提高，大型组织越来越多地采用共享中心和业务财务伙伴的模式，从而创造出一种分离式架构。在这种架构下，共享中心应用信息系统，采用标准化的流程，通过全局或者局部自动化，高效承担了交易性和重复性任务。业务财务伙伴更接近前端业务，能够与利益相关者进行更多互动，以影响组织创造和保留价值的方式。同时，财务专业人员更熟悉业务专业领域，通过对专业的理解和与业务团队的有效沟通将自己嵌入组织，更频繁地与财务部门之外的人员互动，并寻求更直接地影响决策和行动。业务模式转型的挑战还包括：数据治理技术的进步而导致的更加复杂的多元化业务数据融入财务管理和财务分析的挑战；新的沟通工具和协作平台的引入而导致的跨区域、跨文化及跨业务背景的人员协作挑战；新的机器人流程自动化的发展而导致的工作流程优化的挑战；等等。这些挑战都反映了智能时代社会发展的主要特点，即连接、多元和高效。为满足不断发展和变化的社会需要，财务团队需要有足够的组织能力。

3.3.2　财务人员的核心能力

为了应对财务数字化转型和业务模式转型的挑战，财务人员需要重构自己的核心能力，在适应财务组织架构变革、重构能力素质模型、提升数字化管理能力三方面入手。

1. 适应财务组织架构变革

财务组织架构可以分为战略财务、业务财务、专业财务、共享财务四个维度，各维度的核心能力有所不同。智能时代财务职能的价值点会更加侧重于管理功能，工作围绕支持业务决策展开，强调沟通、协调、赋能成为数字化背景下财务工作的突出特点。

2. 重构能力素质模型

财务人员的能力素质模型需要与核心业务流程相协调。业务流程本身的特点对财务人员的能力素质模型的宽度和深度的影响都很大，例如咨询服务业的业务流程一般是项目制的短链条流程，在这类业务模式下，财务管理强调的是相对较少的业务步骤的管理深度，所以数字节点较少，但是单个节点包含的信息较丰富。与之相对应，传统加工制造业的业务流程是长链条流程，流程上的节点较多，管理的重心就在于对流程节点的组合和协调。所以，设计财务人员能力素质模型时要充分考虑不同类型的核心业务流程不断迭代和变化的情况。

3. 提升数字化管理能力

企业的数字化战略对财务人员的能力素质模型的构建有直接的影响。企业的数字化战略包括整体业务系统架构、数据治理策略、信息系统合规的战略等方向性的政策，这些政策对整个财务系统、财务流程和财务数据的广度与深度都有着很强的规范性及影响力，从而进一步影响财务人员的能力素质模型的广度。同时，企业的数字化程度决定了财务人员能力素质模型的深度，也就是说，数字化的资源和积累是财务人员发挥能力的基础。

3.3.3　财务人员能力构建

从人力资源管理的角度，员工能力包括专业能力、核心能力和领导力。专业能力与具体岗位职能直接相关，是完成工作所需的、偏操作型的能力。与专业能力相比，核心能力较为抽象，是比专业能力更为基础的能力。可以从专业能力中提炼出核心能力，对核心能力的培养有利于专业能力的提升。领导力是与任职者本身联系更为密切的、侧重于处理人与人之间关系的能力。这三种能力构成了财务人员能力素质模型的基本框架，如图 3-3所示。

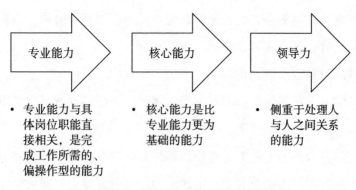

图 3-3　财务人员能力素质模型

1. 共享财务人员能力构建

共享财务人员的核心能力包括学习能力，即能够快速掌握某一项技能或知识的能力。

共享财务人员的专业能力包括：系统操作能力，即能够快速掌握某个财务系统的能力；系统需求说明能力，即能够向 IT 部门准确表达系统需求并做详细说明的能力；流程优化能力，即能够基于业务与财务流程提出优化点的能力；标准化建设能力，即能够从财务管理维度进行业务梳理，建立财务标准化体系的能力。

共享财务人员的领导力包括沟通能力，即能够与其他相关部门顺畅沟通的能力。

2. 业务财务人员能力构建

业务财务人员的核心能力包括分析能力，即能够通过对大量数据的分析，提出有价值的观点的能力。

业务财务人员的专业能力包括：数据分析能力，即能够通过建立合适的分析模型，对大量数据进行分析的能力；提炼、总结能力，即能够从分析结果中提炼、总结有价值的观点的能力；风险控制能力，即能够通过分析发现风险点并提出控制措施的能力。

业务财务人员的领导力包括协调能力，即根据有价值的观点输出，协调各职能绩效管理与资源分配的能力。

3. 战略财务人员能力构建

战略财务人员的核心能力包括商业能力，即能够理解商业逻辑，从多种角度思考并推动战略决策的能力。

战略财务人员的专业能力包括：客户画像能力，即能够从财务角度解析企业所面对客户类型与客户需求的能力；投融资能力，即能够发现好的项目，并以最优化资本成功融资的能力；战略制定能力，即能够基于以财务为核心，以其他信息输入为辅助制订战略方案的能力。

战略财务人员的领导力包括影响能力，即能够影响企业战略决策的能力。

3.4　智能时代高校财务专业的发展

近年来，高等教育的结构性矛盾日益突出，办学同质化倾向严重，尤其是高校毕业生就业难和就业质量低的问题日益突出。在智能时代，企业需求与高等教育的矛盾更为突出(见表3-2)，主要体现在：第一，如何以市场需求为导向进行专业设置与建设；第二，如何建设一支适应应用型教学的教学队伍；第三，如何开展深度校企合作，广泛吸收社会优质资源。这些问题相对独立又有密切的联系，解决这些问题不能只依靠高校自身的内部改革，只有内外形成合力，创新求变，形成服务产业转型升级和先进技术转移的人才培养模式才能适应社会经济的发展。

表 3-2　企业需求与高等教育的矛盾

项目	企业需求	高等教育
专业设置与建设	市场需求导向	教学导向
教学队伍	应用型	学科型
培养方式	校企合作	以高校为主

3.4.1　创新课程体系

　　课程体系是人才培养的根本，进行以提高实践能力为引领的人才培养是解决高等教育与企业需求脱节的重要手段。高校应建立产教融合、协同育人的人才培养模式，实现专业链与产业链、课程内容与职业标准、教学过程与生产过程对接的教育模式，以社会经济发展和产业技术进步带动课程教学改革，合理设置专业基础课、核心课程与实践实训课程，专注培养学生的技术技能与创新创业能力。

　　目前，大多数高等院校的人才培养方案基本遵循学科体系进行课程设置，各专业的课程课时、学分及考核方式基本大同小异，各类专业评估也基本按照统一标准进行。学科型的课程体系普遍被认为是最能让学生构建完整、专业知识体系的方法之一，但实践表明，学科型的课程体系对学生的主动学习能力、基础知识储备要求较高，而且学生对知识的掌握程度取决于教师的授课能力。这种基于学科型课程体系的教学基本上使学习者处于被动学习的状态，学生难以理解课程之间的关联性，难以激发探究式的学习热情。如果学习者的基础薄弱或教师授课水平不高，则容易导致学习者不能完成学业或者学习质量大打折扣。所以，培养应用型人才的课程体系应充分考虑学生个性，在前后课程衔接上更注重培养学生解决实际问题的能力，课程深度与广度的设置以应用技能为本，着重训练学生的应用能力和执行能力。

3.4.2　优化培养模式

随着社会经济的发展，传统的课程体系已不能满足社会对各类人才的需求，导致高校培养出的人才不够"实用"，毕业生无法快速适应工作环境。高校应在人才培养模式方面进行优化探索：一是在充分了解学生学习能力的基础上，打破原有学科型课程体系设置，以市场对人才的需求为出发点，以提高学生专业技术能力为原则进行课程设置，充分落实"以生为本"的教育理念，根据学生的个性特点和学习规律进行课程安排，开展项目式课程、探究式学习、问题导向教学等，引导学生对知识的主动探索。二是根据用人单位及社会发展需要，基于专业特点合并和改造一部分传统课程，精简课程数量，优化课程大纲，引进前沿课程、创新课程、创业实例等，及时跟进市场对人才的需求，引导学生开阔眼界，让毕业生快速适应工作岗位。三是课程设置兼顾教育规律，在能力培养"够用"的基础上，适当关注学生的继续教育和学历提升，强化学生的基础知识储备，为其在走上工作岗位的后续发展提供保障。

3.4.3　创新教学理念

实践教学对学生的技能培养、创新创造力提升具有很强的实际意义，但目前多数实践课程仍是学生学习完理论课程后进行的验证性、演示性实验，在较为独立的生产实习、毕业设计等实践环节，也因为时间紧张或其他原因导致学生不能完全投入真正的实践教学中。应用型人才培养是否成功在很大程度上取决于学生是否能完全掌握实践内容，高校应加强实践教学体系建设，增加实习实验环境与设备，大力开展双师型队伍培养等。

1. 构建相对独立的实践教学体系

在加强实践教学与理论教学相互关系的基础上，根据人才培养方案构建相对独立的实践教学体系。在传统的研究型高等院校教育体系中，实践教学是学习理论知识的辅助手段；而培养应用型人才应设计更为独立的实践教学体系，需要在课程内容、时间安排、授课方式等方面做出更大的改革。例如，在课程内容方面，加大项目式教学的比例，采用工学结合等方式，让学生在"干中学"，在"学中干"；在时间安排上，应更加合理地利用周末、节假日等假期，安排连续的实践活动内容。构建独立的实践教学体系有助于正确认识实践教学的作用和本质特征，实现真正意义的实践教学。

2. 引导学生对问题的深入理解

在特定专业中先行设置一定的基础实践课程，让学生对专业有初步的感性认识，在实践教师的指导下，学生通过实践课程掌握一定的专业知识后，或用已学的知识不能解决出现的新问题时，就会产生进一步学习的客观动力，想了解"为什么这样做"。当学生进行理论知识学习时，对专业的认识已经不再是感性认识，为学习更深层的理论知识奠定了良好的基础。实践先行的教学体系可以增强学生学习理论知识的兴趣，促进理论知识的获得和技能的掌握。

3. 以"第二课堂"为引领，培养学生的实践创新能力

高校应在"第二课堂"和引导学生参加科技竞赛方面加大力度，构建全校、全过程的"第二课堂"育人体系，打造创新创业教育、假期实践等育人平台，开展学科竞赛、科技创新竞赛等应用型人才培养活动，完善"第二课堂"育人体系。发挥科技竞赛对应用型人才培养的促进作用，一是要拓展竞赛项目，丰富竞赛类型，组织多学科、多种类的科技竞赛，调动学生学习理论知识的积极性，促进学生的情境学习、体验学习和主动学习，提高学生的创新力、团队合作能力等。二是要提升竞赛的"含金量"，从

要求学生展示知识广度及实操技能向要求学生展现适应社会发展、产业升级、科技进步所需要的前沿知识与复杂能力转变。

3.4.4 深化校企合作

应用型人才培养的重要目的之一就是培养满足社会经济发展需要的人才。企事业单位需要的人才来源于高等院校，订单式培养是解决当下企业用工难与毕业生就业率不高的矛盾的有效手段。但是，订单式培养仅依靠高等院校自身改革是无法实现的，高等院校在双师型师资队伍、实践教学基地和设备等方面都存在不足，教学理念难以通过自身改革进行实质性突破，课程体系仅按学科进行设置无法满足订单式培养的要求。高校应引入企业，扩大高校和企业的产学研合作，把高校的理论优势和企业的实践优势结合起来，才能培养出能够解决工程实践问题的高层次应用型人才。

1. 积极探索校企合作新模式

在培养应用型人才的过程中，高等院校是校企合作的责任主体，高等院校应充分发挥育人体系建设优势，与生产单位、研究单位相互配合，按照用人单位的要求，在课程设置、师资建设、实验实训环境建设等方面充分考虑社会需求，开展订单式培养。高校应建设校企联合实践基地，为学生成才、教师培训提供场地与设施；建立有地方政府、行业和用人单位参与的校、院理事会(董事会)机制及专业指导委员会制度，吸收企业专家进入教学指导委员会，优化人才培养方案等。企业也应主动适应校企合作进行人才培养的新常态，将员工岗前培训和终身培训纳入与高校合作办学的范畴，将企业的人才储备与高校的学生教育、师资培养有机结合。

2. 大力推广工学结合的教学方式

工学结合的教学方式要求彻底打破传统的学科体系，建立项目、任务驱动的工作过程课程体系，学生在完成企业项目和任务的同时，会主动学习理论知识。在这样的教学中，企业要与高校进行科技合作，将生产实际内容融入教学，教学内容将不再是抽象、与实际无关的理论性知识，而是与生产实际紧密结合的实践性知识；教学内容也不再是专业性强、难度大的客观现象描述、概念和定律，而是内容具体、易于理解的具体的企业项目和任务。采取合作学习的形式从事实践工作，为用人单位创造真正的商品价值，这种校企合作模式才能培养具有丰富的专业知识和良好的社会能力的应用型人才。

本章小结

智能时代的财务管理变革已经从思维上发生了本质的变化，同时对战略财务、业务财务、专业财务、共享财务的能力提出了更高的要求。智能时代的财务人员要适应这种变化，高校的人才培养模式也要进行相应的调整，形成与智能时代的人才需求相匹配的人才培养模式。

第**4**章 智能财务的
技术变革

智能时代，企业财务管理者要运用创新思维，广泛应用财务大数据、人工智能、云技术、物联网、区块链等智能技术，与上下游企业开展生态化经营、网络化协同和深度化共享，推动智能化运营和智能化管理，实现财务智能化转型。

4.1 财务大数据

4.1.1 大数据概述

大数据是指所涉及的资料量规模巨大到无法通过主流软件工具，在合理时间内达到通过撷取、管理、处理并整理成为帮助企业经营决策更积极目的的资讯。大数据一般认为具有 4V 特征，即体量 (volume) 巨大、类型 (variety) 繁多、存取速度 (velocity) 快、价值 (value) 密度低，如图 4-1 所示。大数据的概念自从提出以后就不断地发展和演变，从本质上来讲，大数据的价值极低。大数据的意义并不在于"大"，而在于"有用"，价值含量、挖掘成本比数量更为重要。对于很多行业而言，如何利用这些大规模数据是赢得竞争的关键。

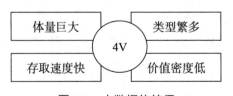

图 4-1 大数据的特征

4.1.2 财务大数据的实施

财务大数据的实施包括大数据收集、大数据存储、大数据分析、大数据挖掘和大数据共享五方面的内容。

1. 大数据收集

财务大数据运作的基础就是捕捉、采集数据。财务人员在工作过程中会产生相应的数据，例如与国内外客商交易、资金结算、债权债务处理的数据，与政府有关部门、专业服务商交互的数据，企业内部高管、业务部门之间的交互数据等。相应的数据可以通过互联网、专业会议报告、纸质资料、业务咨询、同业人员社交等多渠道获取，进而方便、快捷、动态地检索信息、查阅所需资料与相关记录，获得有使用价值的数据。

2. 大数据存储

大数据存储是指将各种分散的财务数据全部纳入一个大的数据库，使得数据丰富、充裕，财务人员无须担心存储空间不够的问题。已有的纸质财务数据资料也需要尽可能地通过扫描转化为电子数据，以便长期保管。另外，信息要分门别类储存，采取标签化管理，以保证能在最短的时间内检索出来，最终高效使用数据，为企业财务大数据运作积淀数字资产。

3. 大数据分析

财务人员应基于某一明确的目的和任务，依据数据基准特征，对大量的财务数据进行梳理、分析。大数据分析可以用经济数据勾勒出某一组织、某一事件的轮廓，描述企业业务发展的程度、驱动原因，对现在、未来的影响，以及业务在预期范围内的走向，交叉验证某一关联业务过程的合理性与存在的问题等。经过大数据分析，财务人员的智慧被放大，可以从数据资源中发现新的信息，获得新的认识，形成新的判断，为企业提供更多的价值。

4. 大数据挖掘

大数据挖掘比大数据分析在数据的应用深度上更胜一筹。大数据挖掘以资金流转、资本营运、成本费用控制、纳税运筹等为研究对象，解剖、探讨原始的和重复利用的财务大数据。通过对财务数据和非财务数据的挖掘，为企业业务扩展、战略决策、生产经营提供数据支撑。

5. 大数据共享

在数据治理的框架下，大部分财务大数据、财务分析的论证、结论、意见以日报、周报、月报及专题报告等形式发送给企业的管理者，或者以信息发布的形式告知本企业业务部门、管理部门、员工及下属单位。另外，企业财务部门会向政府业务管理部门、社会服务机构提供财务数据，最终形成了内、外部的财务大数据共享。

4.1.3　财务大数据的应用

从整体角度看，财务大数据主要从提高企业预测能力并抓住商业先机，提高企业决策能力和核心竞争力，加强规划与控制并提高运营管理效率，推动企业全面、科学、合理地考核部门与员工绩效四个方面进行应用。从具体应用角度看，结合传统的财务管理能力模型，涵盖运营决策、融资决策、投资决策三个层次的财务大数据具有典型意义，如图 4-2 所示。

图 4-2　财务大数据的应用

1. 运营决策

财务数据一般为结构化数据。非财务数据来源复杂，格式多样，当然，涉及多媒体的数据包括非结构化数据和结构化数据。所以，企业财务大数据的应用需要打破前端业务和部门管理的数据壁垒，实现财务信息和非财务信息等多种类型数据的融合，需要解决结构化数据和非结构化数据的采集、融合等问题，并以定量的方式描述、分析、评判企业的经营情况，为优化商业模式和供应链流程，以及为企业经营决策提供数据支持。

2. 融资决策

企业的发展需要持续利用风险投资来获得资金支持，也需要引入各种风险投资，为产业链上下游企业的合理投资提供资金来源。在国家大数据战略背景下，由于企业面临产业链构建的技术、资金、市场及管理结构等多方面的问题，企业的经营风险、技术风险、管理风险进一步加大。与此同时，产业链构建需要丰厚的资金作为保障，企业可以将这些资金用于企业技术研发和创新、产业内资源的并购和整合，以及作为疏通产业链的现金流。在此基础上，企业所形成的大数据资源、先进的技术和专业的管理团队，能够为企业在融资决策上提供更大的帮助。

3. 投资决策

企业做大做强需要投资或兼并同产业链的优质企业，构建自己的产业生态。要实现企业的投资决策更科学、高效，就必须具有高质量的数据资源。在企业的投资决策过程中，数据准备、数据评估、数据收集、数据监控和数据调整等主要依赖数据的完整性、及时性和可靠性。企业并购可以带来丰富的全产业链数据和客户资源，进一步加深数据建设、云计算等多个方面的合作，为各种大数据的应用助力。企业的并购活动将为产业链的构建引入海量的数据，实现上溯产业链的目的。从企业自身角度而言，可以基于整个产业链的各种工作场景开发、实现相应的大数据应用。这种资源的整合将为产业的技术发展注入新鲜的血液，通过大数据技术的应用实现产业链全过程的贯穿，拓宽大数据的应用场景。因此，利用财务大数据助力企业的投资决策，可以让更多的企业和人员参与大数据创新应用，为企业向产业链上下游的延伸奠定基础。

综上所述，财务大数据应用在给企业带来新的机遇的同时也带来挑战，企业将大数据运用于经营、管理和决策等方面，提高企业进行融资、运营和投资决策的效率，对企业的财务活动带来深刻的变革。但企业在利用大数据的同时要降低数据成本，提高数据质量，加速数据的整合并完善数据的安全管理。除此之外，还应当加快大数据人才的培养，促进大数据与企业经营管理、财务决策等方面的融合，让大数据成为企业持续发展的推动力。

4.2　人工智能

4.2.1　人工智能概述

人工智能是基于计算机科学、心理学、控制论、神经学、生理学、语言学及信息论等各种理论开发和模拟人类智能的理论与方法。人工智能拥有自我学习的能力，可以深入地研究人类活动的规律，由此来完成一些只有人类发挥智慧才能够完成的工作。随着互联网与大数据技术的不断发展，人工智能对财务的影响也越来越大。

4.2.2　人工智能对财务的影响

人工智能对财务的影响主要体现在推动财务会计创新改革、促进财务人员发展、促进相关法律法规出台三个方面，如图 4-3 所示。

推动财务会计创新改革	促进财务人员发展	促进相关法律法规出台
• 提升数据处理的准确性。 • 大幅度降低相关人员的劳动强度。 • 对企业各项财务会计指标进行更为客观、全面的深入分析，进一步做好财务管控并为企业战略发展提供支撑	• 人工智能时代，财务人员需要进一步提升自我核心价值，掌握更多的行业分析策略，了解相关法律法规，建立完善的管理架构	• 注重信息安全，为相关法律法规尽快出台建言献策，帮助防范人工智能所带来的法律法规风险

图 4-3　人工智能对财务的影响

1. 推动财务会计创新改革

人工智能技术的应用无疑可以将人力从原本复杂的数据操作中解脱，不仅可以大大提升数据处理的准确性，也可以大幅度降低相关人员的劳动强度。除此之外，对于财务会计人员而言，也可以利用该机会结合自己的专业知识体系，对企业各项财务会计指标进行更为客观、全面的深入分析，进一步做好财务管控并为企业战略发展提供支撑，帮助企业提升竞争力。

2. 促进财务人员发展

目前国内基础财务人员的储备相对比较充足，而更高层次的复合型财务管理人员则相对匮乏。人工智能时代，财务人员需要进一步提升自我核心价值，掌握更多的行业分析策略，了解相关法律法规，建立完善的管理架构等。财务人员综合实力的提升也能够更好地推动企业财务管理的升级，从更全面的角度观察企业发展，帮助企业前瞻性地规避各种问题，为企业的发展保驾护航。

3. 促进相关法律法规出台

基于目前的技术及网络环境，如果财务数据被泄露或篡改，企业将遭受难以弥补的损失，尤其是人工智能技术引入财务工作后，大量的财务数据都是在网上进行实时操控，重要资料被泄露或篡改的风险很高。因此，企业需要花更多的时间研究相关的金融法律法规及国际、国家会计准则，为相关法律法规尽快出台建言献策，帮助防范人工智能所带来的法律法规风险。

4.2.3　人工智能在财务中的应用

1. 传统会计核算方面的应用

企业规模越来越大，业务范围越来越广，由此而来的账务报表形式及财务管理工作内容也越来越多。针对这种情况，许多企业会通过增加财务管理人员数量缓解压力。这种做法不仅大大增加了企业的运营投入，也加剧了企业资金外流速度。引入人工智能技术，则可以很好地规避上述问题。因为传统的企业财务管理工作主要负责基础的核算业务，如果单纯地采用人工处理的方式对上万条财务信息进行核算及处理，势必会存在人为隐患，同时也大大降低了企业财务工作的可靠性及准确性。引入人工智能化技术，对这些复杂、烦琐的数据进行处理，可以节省数据分析、处理的时间，同时也可以进一步提高企业财务管理工作的效率与质量。与人工处理的方式相比，采用人工智能技术无须支付工资，且对工作环境的要求也更低，有利于企业降低日常运营成本。

2. 经营战略制定中的应用

当前社会中，每一天都有企业诞生与消亡，要在激烈的市场竞争中实现可持续发展，应在下述几个方面下功夫：第一，制定科学、合理的企业发展战略。对于任何一个企业而言，唯有建立清晰、科学的发展战略，才能够保证企业在激烈的市场竞争中牢牢抓住机遇并快速发展，否则可能会受到打压。第二，进一步提升企业创新能力。企业应依托更为先进、科学的管理技术，打造新型竞争优势。第三，注重诚信经营，树立良好的企业形象，主动承担企业的社会责任，并积极回馈社会，以赢得大众的认可与支持。

综上所述不难发现，企业发展战略的制定对于企业的长期发展意义重大，同时也是企业实现可持续发展的关键一步。人工智能技术的引入无疑可以帮助企业制定更为准确的发展策略，降低企业经营风险并为企业管理人员提供更为可靠、客观的决策依据，为企业提供更为客观、实际的发展建议。

3. 财务分析中的应用

企业财务管理工作不仅需要对基础的数据进行收集及整理，同时还要针对各项财务数据开展分析工作，为企业管理人员等提供重要的数据依据。在此方面，人工智能专家系统已然有了较为成熟的发展 (人工智能专家系统主要是指基于具有专家水平的一系列计算机系统，模拟专家的思维模式进行推理、分析，从而处理当前企业所遇到的问题)。除此之外，基于已有的财务数据，人工智能技术结合大数据分析技术对当前企业的经营现状进行统筹分析，并对未来财务情况进行客观的预测，可以提升财务预测的客观性及真实性，降低相关人员的工作强度及成本投入，提升财务工作的效率与质量。

4. 财务管理系统中的应用

基于人工智能的财务管理系统可以提升企业财务资源的整合力度，并推动财务的数字化、电子化、智能化发展。人工智能技术可以实现对供应链的成本管控、生产管控，以及总账等各方面的统筹管理，将企业的采购部门、销售部门、财务部门、生产部门等各个部门进行高度的整合。同时，基于强大的扩展应用，可以为企业提供费用报销、发票管理、订单管理、生产管理，以及在线支付等多项应用扩展。引入人工智能技术的财务管理系统可以简化传统业务流程，降低企业人工投入，进一步推动企业全方位、高度流畅的经营发展。

综上所述，人工智能技术已在企业财务管理中得到了较好的应用，相信在不久的将来，人工智能技术的发展及新兴技术的融入势必会给企业财务工作带来更大的改变，在提升企业财务工作可靠性的同时降低企业的成本投入。届时，大量的企业财务管理人员可以脱离烦琐、复杂的事务性工作，将更多的精力投入更为专业和更有深度的数据分析工作，帮助企业可持续发展。

4.3　云计算

4.3.1　云计算概述

云计算是一种基于互联网的计算方式，可以将共享的软硬件资源和信息按需提供给计算机及其他设备。广义上，云计算包括后台硬件的云集群、软件的云服务、人员的云共享等不同形态。在硬件方面，云计算通过充分共享网络硬件资源，利用私有云有效降低财务系统的 IT 投入。此外，通过云存储，可以降低影像技术的存储成本。在软件方面，云计算通过租用软件厂商提供的应用软件，能够免除企业的软件开发和硬件投入。但这种模式也存在个性化不足的问题，难以根据企业的要求进行差异化订制和集成。在人员方面，人员云共享是一种特殊形态的云计算，可以为外部客户提供云端财务外包服务。

4.3.2　财务云计算的特征

财务云计算是基于广域网(包括公共云、私有云和混合云)的财务软件和服务平台。财务云计算的主要特征如图 4-4 所示。

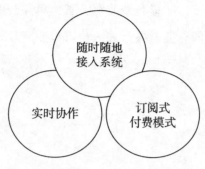

图 4-4　财务云计算的主要特征

(1) 随时随地接入系统。目前流行的财务云计算解决方案都完全依赖网络连接,没有网络连接完全无法使用。

(2) 实时协作。无论是企业内部的财务人员还是外部的会计师、审计师,都可以同步读写信息、更新内容。

(3) 订阅式付费模式。区别于传统的一次性投资的软件,财务云计算的收费方式一般都是按月或者按年交费,不交费则无法继续使用。

1. 财务云计算系统与传统财务软件的相同点

财务云计算系统与传统财务软件两者都是财务软件,都是用来记账的工具。无论使用哪种工具,最终达到的目的都是相同的。现代财务软件采用复式记账法,以关系型数据库为基础,一般都包括总账、应收、应付、银行现金账、薪资等模块,这些内容在财务云计算系统和传统财务软件中都是相同的。

2. 财务云计算系统与传统财务软件的区别

(1) 银行对账。在财务云计算系统中,银行对账变得简单、易行。目前国际上主流的财务云计算系统都支持来自网上银行的实时数据。没有实时数据的银行一般会提供可下载的电子对账单，这些电子对账单可以直接导入财务云计算系统，使银行对账变得智能化，财务人员无须手工输入银行对账单上的内容和金额，节省了大量时间。

(2) 数据备份。传统财务软件需要每日备份数据，而财务云计算系统上所有的数据都是实时的且没有备份的必要。同时，财务云计算系统会和传统财务软件一样保留完整的审计线索。

(3) 可扩展性。财务云计算系统有很好的可扩展性，可以轻松地与其他商业系统实现对接。同时，财务云计算系统可以增加实用的增值服务和集成接口。

4.3.3　云计算在财务中的应用

云计算在财务中的应用主要体现在财务云系统、财务转型等方面。

1. 构建财务云系统，创新财务管理模式

现代企业的财务云系统是企业财务共享模式与云计算、移动互联网、大数据等技术有机结合的结果。建立集中、统一的企业财务云中心，可实现多终端接入，以及财务共享、财务管理、资金管理三中心的有机统一。

2. 借助云计算，助力传统财务的转型

借助云计算，企业的财务管理可以实现三大转型：一是将财务评价由利润评价向经济增加值 (economic value added，EVA) 评价转型，实现企业利润的扩张；二是由财务会计向管理会计转型，通过智能技术将成本管理、预算管理、资金管理、利润管理、责任管理在企业落地；三是由会计主体独立核算向财务共享中心转型，以财务平台为支撑，实现战略财务、专业财务、业务财务、共享财务的分层，提升财务对战略决策与业务支持的价值，消除财务与业务的边界。

综上所述，云计算作为一种先进、强大的网络技术，对企业价值提升有非常大的作用，合理应用云计算技术能够为企业带来更多的便利，并为企业业务发展创造更多的价值。

4.4 移动互联网

4.4.1 移动互联网概述

移动互联网是移动通信和互联网结合的产物，具有开放、互动、共享的特点。移动互联网对财务、会计领域影响较大，在财务方面的应用使财务信息的收集与整理更加便捷，从而提高了企业财务管理的效率。利用移动互联网技术对现有的财务管理模式进行适当的变革与创新，对企业的发展具有积极的作用。

对于财务来说，移动互联网技术的应用其实并不新奇。在 2G 时代，一些企业就试图通过手机短信或 WAP 访问的方式进行简单的移动审批，当然所能够交互的信息非常有限。随着网络条件的不断改善，基于移动应用的在线审批日趋流行，信息内容日益丰富。在所实施的项目中，移动审批能够实现单据影像的实时调阅，并通过移动终端进行数据报表的展示。这也是财务应用的一种形式，随着数据管理职能更大程度地纳入财务中心，基于移动终端的数据发布成为改善用户体验的重要形式，实时性、形象化能够在移动智能终端得到完美体现。随着智能终端设备的普及，在一个移动应用中集成较多的财务功能成为趋势。一些企业大胆地将员工商旅的申请、机票酒店预订、事后报销整个流程集成到移动应用中，员工能够通过在移动终端提交照片的方式发起报销申请，并依托员工信用机制进行事后的抽样审核，大大提升了一线业务人员的报销时效和满意度。

4.4.2　移动互联网的特征

移动互联网平台具有信息实时共享的特征，多名财务人员可协同工作，使得企业的财务管理摆脱信息不对等、消息滞后的状态。同时，财务分析及处理的效率也同步提升，企业员工可通过手机移动端、网页端、Web 端等多终端进行财务资料的上传、审批及处理。企业财务管理可轻松实施跨部门、跨区域的合作，促进业务工作的开展。随着移动互联网技术的应用，财务人员可将财务数据作为样本，进行数据分析，助力企业洞察市场商机，推动产品及服务的升级。

4.4.3　移动互联网在财务中的应用

1. 移动审批

移动审批将费控系统中的审批环节迁移到移动端，使得业务领导的审批不再受地域的限制。而移动端的迁移可以采用两种方式：一是建立独立的移动应用，将信息相对简化地进行移动展示；二是通过移动设备的浏览器直接进行费控系统审批界面的访问。

2. 移动决策支持

移动决策支持通过移动应用，将展示频率需求较高的报表及指标进行展示。移动决策支持的用户以各级业务部门管理者为主，因此，展示界面的友好性、需求匹配的精准性，以及适当且简单的自定义报表功能对于移动决策支持非常重要，也决定了移动决策支持是否能够被广泛接受。

3. 移动商旅及报账

移动商旅及报账功能将移动应用与企业商旅系统、费控系统相集成，实现从移动端进行机票、酒店的事前申请、审批和商旅执行管理，以及事后通过移动终端进行表单填写、原始票据拍照采集等报账处理，如图4-5所示。结合信用管理，实现移动商旅及报账，进一步加快报账速度，提升员工满意度。

图4-5　移动商旅及报账功能

4. 移动运营管理

移动运营管理将财务内部运营管理功能向移动端进行移植，员工能够通过移动端查看自身的绩效情况，进行考勤、请假、任务调整申请等处理，完成在线培训、学习，从而构建一套基于各种移动互联应用场景的财务运营管理体系。

5. 移动客户服务

财务部门可以建立企业号、服务号及订阅号等多移动终端渠道的客户服务体系，为企业内外部客户提供移动终端渠道的服务支持，提高服务质量和客户满意度。

4.5　物联网

4.5.1　物联网概述

物联网技术是互联网技术的延伸和扩展，物联网技术通过射频识别、红外感应器、全球定位系统、激光扫描器等信息传感设备，按约定的协议，将用户端延伸、扩展至任何物品，使物品之间自动进行信息交换通信，实现智能化识别、定位、追踪、监控和管理。物联网技术可充分解决财务管理体系依靠简单的信息化技术辅助支持存在的物资流转统计困难、信息收集延迟、数据分析滞后的问题。财务物联网可弥补传统财务管理方式的不足，可充分利用物联网技术促进财务管理的进一步发展。

4.5.2　财务与物联网的结合

财务与物联网结合的技术架构可设置为三层(见图4-6)：一是基础感知层，采用传感器、二维码等对企业各类资产(包括存货、固定资产等)进行唯一标识，用以识别物体、采集信息，以便生成财务管理系统的基础信息；二是网络传输层，通过网络信息将感知的企业资产实时状态传输至财务管理系统，可避免人为操作导致的数据缺失；三是财务智能化处理层，利用先进的财务管理系统集中处理大量数据，自动完成会计核算、业务分析、风险预警等工作。

财务与物联网结合技术使得物与物、物与数、数与人之间的沟通更为直接，避免了因过多的人为操纵、干预而导致的不真实、不及时现象，极大提高了财务管理的工作效率，节省了大量的基础会计核算人员。同时，财务与物联网结合技术是税改制度完善化、透明化的重要手段之一，其可将企业财务数据关联至金税系统实现自动计算税负信息，减少偷税漏税等违法现象。

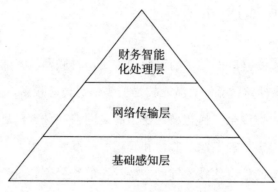

图 4-6　财务与物联网结合的技术架构

4.5.3　物联网在财务中的应用

目前，物联网技术的应用范围逐年扩大，企业财务管理者应根据企业所处环境与发展阶段，结合物联网的技术特点，充分利用物联网技术，推动财务与物联网的结合。

1. 智能物流监控

物资流转监控是财务管理的难点之一，受物资流转的动态性、多部门人为干涉性的影响，财务管理者无法准确、实时了解物资当前的具体状态。采用财务与物联网结合技术，可以建设智能物流系统，实现智能存储、智能分拣、智能传输，实时通过卫星定位与第三方物流公司共享信息，从根本上提高企业对物品生产、配送、仓库、销售等各个环节的跟踪与监控，使仓储空间、资金成本利用率达到最大化。届时，每一件物品或每一个订单的移动信息均可以直观展示在财务管理系统上，货物在客户签收确认或验收后完成物资流转全部过程，财务管理系统可以根据既定协议完成收入的确认。

2. 智能票据处理

随着国家税收制度的改革及金税系统的应用，票据的流转及来源更为可靠。采用图片识别技术的智能化票据处理系统，可以将票据、企业财务与物联网系统、税务系统三者关联起来，实现票据自动检验、自动入账，提高财务管理效率，增加财务人员的工作价值。

3. 智能核算

财务与物联网结合可以提高核算效率、减少人为干扰。财务人员只需要设置好对应流程，就可以通过财务与物联网系统的智能物流、智能票据等模块自动搜集核算数据，并按照预先设定的符合业务经营状况的核算要求对数据进行高效的处理、汇总、分析，自动生成对应凭证及财务、业务报告。

4. 智能风控

财务与物联网结合技术的智能风控功能可以重点应用于金融企业。智能风控功能可以通过人脸识别、指纹识别对企业主要负责人进行基础信息核实，同时通过财务与物联网系统的数据综合关联、处理生成财物风险识别指标，分析企业经营中存在的坏账及资产损失率带来的影响等。智能风控功能的应用可以减少人为因素，为企业提供风险量化结果。

5. 智能预算

企业预算控制是传统财务管理的难点之一，利用财务与物联网的智能预算功能，可以将预算控制实时贯穿企业的日常管理。根据不同业务的需求和对财务指标的多角度、多层次对比与分析，对一些存在异动的数据进行预警，提前化解风险和隐患。同时，智能预算功能与智能票据功能关联，可以对超出预算的项目直接拒绝或进行报警处理。

4.6　区块链

4.6.1　区块链概述

狭义而言，区块链是一种链式的数据结构，是运用密码学原理将一个个数据区块按照时间顺序串联而成的分布式账簿，其中的数据具有不可修改的特性。广义而言，区块链技术是一种全新的分布式基础架构与计算方式，利用块链式数据结构来储存和验证数据，利用分布式节点共识算法来生成和更新数据，利用密码学的原理保证数据传输和访问的安全，利用由自动化脚本代码组成的智能合约来编程和操作数据。简单地说，区块链就是一种去中心化的分布式账本数据库。应用到财务管理中，区块链就是一个建立在计算机程序基础上的大型网络账簿，每个节点相当于一个会计人员，确保快速、高效、准确、实时的审核与记账。

4.6.2　区块链的特征

1. 安全、公开、透明

区块链技术在信息不对称的情况下，无须相互提供担保信任或第三方中介参与，采用基于加密算法和共识机制的节点信任机制。密码学是区块链最底层的原理，包含数字签名、哈希算法、随机数等技术。通过共识机制，账簿可以被所有人审验、传阅；通过时间戳机制，则可以对用户行为进行追溯，任何操作皆被记录，无法覆盖，确保了系统的公开、透明。

2. 不可修改、不可覆盖

根据规定，区块链中的数据只能通过新增区块的方式修改，而不能被简单地替换，所有操作步骤均永久保留，具有不可篡改性。

3. 可访问性

用户登录和访问区块链的唯一凭证是相互匹配公私钥。运用密码学原理，公钥对数据加密，则对应私钥才可解密；私钥对数据签名，则对应公钥可验证签名。区块链系统去除了中心化的管理机构和设备硬件，使各个节点的权利和义务几乎均等，每个节点都可以获得完整的数据备份，系统由多个节点共同维护，只要有了对应的公私钥，任何人都可以轻松访问任何节点。

4. 无第三方

区块链颠覆了传统认知中的信任体系。传统认知中，交易的基础是信任，一般通过第三方背书来建立信任机制，将其称之为信任中介，例如政府、银行。区块链技术直接采取点对点交易的形式，无论是交易还是交换资金，都无须第三方的批准，弱化了第三方的信任功能，降低了信任成本。区块链技术不是去除信任，而且将传统交易中对信任中介的信任，转变成对区块链系统本身和对记录在区块链上的数据的信任。

4.6.3　区块链在财务中的应用

1. 提高会计信息质量要求的及时性、可靠性

由于区块链技术的不可篡改性和公开、透明性，满足了大数据时代对会计行业及时性、可靠性、相关性及可比性的要求，受到全球会计行业的高度重视。分布式的共享技术是区块链的核心：分布式记账，可以将会计责任分散化，每个人都可以参与其中，共同记账；分布式存储，保证数据实时记录，系统实时更新。区块链技术使得会计信息一经确认就不得修改，减少了会计作弊和出差错的可能性，提高了正确性、可靠性和可追溯性，

满足了会计核算要求，保证了信息的客观真实性，降低了道德风险。

2. 弱化审计等第三方的中介服务功能

传统财务管理模式下，银行、会计师事务所、投资公司等作为可信赖的第三方，为会计数据提供准确性保证，应用区块链技术，则第三方的中介服务功能被逐渐弱化，甚至有可能被取代。企业甚至可以开发财务管理系统的综合业务平台，与政府相关机构平台或者国税局的金税三期平台衔接，通过系统之间的接口对接，利用相关指令完成数据的自动提取，不仅可以快速、准确地完成会计信息的确认、计量、记录和报告，甚至可以完成相关的报税和审计业务。

3. 降低资金运作成本

利用区块链技术可以做到点对点价值转移的清算和结算，企业进行资金支付时，只要满足区块链设置的资金支付要求即可，跨境支付也不需要通过银行等中介机构，缩短了相关审批流程，大大降低了佣金费用，节约了企业资金筹集及调配的成本。

4. 帮助财务管理人员职能转向战略管理

传统财务管理模式下，财务人员的基本职能是核算和监督。区块链技术的应用，可以使财务人员的职能发生巨大改变，完成从"财务核算"向"价值提升"的转变。应用区块链技术后，会计人员不再需要做审核会计单据、记账、报告、归档等基础工作，可以把主要精力放在更有价值的职业判断和数据分析工作上，履行预测、决策、规划、控制和考核的职能，不局限于成为一名"记账先生"，而是成为一名能够帮助企业进行战略决策，筹谋、规划企业发展的财务管理者。

5. 建立会计电子档案

区块链技术可以构建一个全员参与的会计电子档案共享网络。财务部门、审计部门以及需要财务数据做支撑的业务部门，都可以通过会计电子档案共享网络实时查询、存储、传输、备份财务数据，真正实现财务数据的共享，减少了会计凭证借阅、存档的审批和整理流程，也避免了财务档案的损毁或丢失，有助于企业整合财务数据，为管理层做市场决策提供数据支撑。

综上所述，区块链作为新兴的网络技术，给财务管理带来了业务上的创新：智能合约技术提高了财务运作的及时性；区块链的"弱中心化"技术大大降低财务管理中资金调配及筹集的成本，能够大幅提升会计信息系统的工作效率；密码学的运用，使得任何人不得篡改区块链上的信息。区块链技术保证了整个财务交易过程的透明性和安全性，提高了会计信息质量要求的时效性和准确性，促进了市场经济的繁荣发展，将给财务管理带来不可估量的影响。

本章小结

智能时代，大数据、人工智能、云计算、物联网、区块链等智能技术为财务管理提供了更好的工具和升级的手段，随着智能技术的不断进化和迭代及其在财务领域的深入应用，财务的职能也将发挥得更为充分。

第 **5** 章

智能财务
规划与实施

长期的日常工作容易让财务管理者陷入局部思维和过于关注细节的困境，忽视对全局架构的思考。实际上，智能财务的整体规划不仅应满足财务需要，更要形成完整的架构和体系。

5.1　智能财务架构

智能财务架构包括系统架构和功能架构。

5.1.1　系统架构

系统架构是指把一个整体切分成不同的部分，由不同角色来完成这些分工，并建立不同部分相互沟通的机制，使各部分能够有机地结合为一个整体，完成这个整体所需要的所有活动。系统架构包括业务架构、应用架构、数据架构、技术架构等，如图 5-1 所示。

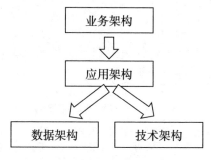

图 5-1　智能财务系统架构

1. 业务架构

业务架构描绘了业务是如何开展的，可以从外部视角和内部视角来认识业务架构。其中，外部视角包括产业链和上下游，上游包括供应商、原材料商、代加工商、物流公司等，下游包括渠道的消费者等；内部视角包括组织架构、经营任务、业务流程等。

2. 应用架构

应用架构描绘支撑业务运转的整个系统中，服务是如何切分的，一般可分为前台应用、后台应用、中台应用、支撑应用等。

3. 数据架构

数据架构从数据视角描绘数据从产生到消费的全过程，包括数据源、数据采集、数据存储、数据处理、数据加工、数据分析、数据应用等。

4. 技术架构

技术架构描绘的是技术选型、服务发布管理等内容。在开发流程方面，包括开发、构建、测试、部署、运行等内容。在搭建顺序方面，包括基础设施、基础服务、数据存储、服务实现、负载均衡/网关、协议等内容。

除此之外，系统架构还包括物理架构、运行架构等，下面重点阐述智能财务的功能架构。

5.1.2　功能架构

智能财务的功能架构从业务层中的场景与光学影像等应用技术两个维度展现智能财务的整体功能，如表 5-1 所示。

表 5-1　智能财务功能架构

业务层	共享中心	财务会计报告	司库/资金管理	税务管理	预算管理	成本管理	管理会计	绩效管理
场景	智能识别	关联交易	自动支付	智能开票	智能预算预测	智能采集	智能管会报告	指标测算
	智能稽核	智能分析	自动对照	智能验真	智能预算控制	智能计算		智能分析

续表

业务层	共享中心	财务会计报告	司库/资金管理	税务管理	预算管理	成本管理	管理会计	绩效管理
场景	智能核算	人机交互	资金计划预测	智能税收预测	智能评价			
	智能风控	语音交互	智能资金调度	智能申报				
	电子发票			智能税收风控				
1　光学影像识别	√							
2　语音识别	√							
3　自然语言处理	√							
4　文本挖掘	√							
5　自动化机器人	√		√	√	√	√	√	√
6　知识图谱	√							
7　机器学习	√	√	√					
8　数据挖掘		√	√	√	√			
9　数据可视化		√	√	√				
10　财务专家系统	√		√	√	√			√
11　物联网						√		
12　云计算		√	√	√			√	
引擎层	流程引擎、规则引擎、会计引擎、图像引擎、数据引擎、人工智能引擎							
数据层	结构数据、非结构数据							

5.2 智能财务架构的关键要素

智能财务架构包括数据层、引擎层、业务层 3 个关键要素，企业需要关注各要素的特性及相互关系，并对各要素进一步深化管理，具体如下。

5.2.1 数据层

数据层包括结构化数据和非结构化数据。结构化数据是定量数据，是能够用数据或统一的结构加以表示的信息；非结构化数据是结构化数据之外的一切数据。在数据层，通过数据采集、数据清洗、数据关联、数据算法和数据应用平台的全流程功能应用，实现支持企业数据价值链管理和全过程智能化场景应用。

5.2.2 引擎层

引擎层属于技术操控平台，可以依据具体的智能化场景灵活调度不同的引擎完成业务流程。可以把引擎层理解为一个翻译器，从具体的业务中抽象出来的引擎有以下几种。

1. 流程引擎

流程引擎是引擎层的重要组成部分，它通过对后台任务进行分流，达到灵活处理财务工作任务的目的，从而增强财务工作的扩展性。

2. 规则引擎

规则引擎也叫推理引擎，它可降低业务逻辑组件的复杂性，减少应用程序的维护费用和可扩展性组件的成本，与机器学习结合可以应用更多的规则转换功能。

3. 会计引擎

会计引擎通过与前端业务信息系统建立接口，获取前端业务信息系统的业务数据，完成信息输入的翻译，形成业务表，根据业务表的核心数据进行组织映射规则调用，建立凭证模板，自动生成会计分录并推送至会计核算系统。

4. 图像引擎

图像引擎以深度学习为前提，形成高效的图像识别技术引擎，可以统筹处理结构化和非结构化两种不同类型的图像数据，完成图像的提取和存储。

5. 数据引擎

数据引擎是用于存储、处理和保护数据的核心服务，可控制访问权限并快速处理数据的计算，满足企业需要处理大量数据的要求。

6. 人工智能引擎

人工智能可以代替传统的操作流程和规则，实现标准化操作，通过算法加持可以让日常业务操作更为智能。

5.2.3　业务层

在业务层，业务场景和智能技术两者的结合构成了智能财务的应用，下面逐一进行阐述。

1. 共享中心

共享中心的智能化应用是最多的，这是由共享业务处理标准化、事务化的特点决定的，其业务场景和智能技术如表 5-2 所示。

表 5-2　共享中心的业务场景和智能技术

项目	内容
业务场景	智能识别、智能稽核、智能核算、智能风控、电子发票
智能技术	光学影像识别、语音识别、自然语言处理、文本挖掘、自动化机器人、知识图谱、机器学习、财务专家系统

2. 财务会计报告

财务会计报告主要应用于关联交易和智能分析等，同时通过机器学习等技术对企业经营决策提供支撑，其业务场景和智能技术如表 5-3 所示。

表 5-3　财务会计报告的业务场景和智能技术

项目	内容
业务场景	关联交易、智能分析、人机交互、语音交互
智能技术	机器学习、数据挖掘、数据可视化、云计算

3. 司库 / 资金管理

司库 / 资金管理主要应用于资金计划预测和智能资金调度等，利用自动化机器人和机器学习等技术可以提高资金的整体运营效率，其业务场景和智能技术如表 5-4 所示。

表 5-4　司库 / 资金管理的业务场景和智能技术

项目	内容
业务场景	资金计划预测、智能资金调度、自动支付、自动对照
智能技术	自动化机器人、机器学习、数据挖掘、数据可视化、财务专家系统、云计算

4. 税务管理

税务管理主要应用于智能开票、智能验真和智能税收风控等，利用自动化机器人、数据挖掘等技术可以为企业提供更多的税务优化和管理提升建议，其业务场景和智能技术如表 5-5 所示。

表 5-5　税务管理的业务场景和智能技术

项目	内容
业务场景	智能开票、智能验真、智能税收风控、智能申报、智能税收预测
智能技术	自动化机器人、数据挖掘、数据可视化、财务专家系统、云计算

5. 预算管理

预算管理主要应用于智能预算预测和智能评价等，通过财务专家系统等可以优化企业的资源配置，其业务场景和智能技术如表 5-6 所示。

表 5-6　预算管理的业务场景和智能技术

项目	内容
业务场景	智能预算预测、智能评价、智能预算控制
智能技术	财务专家系统、数据挖掘、自动化机器人

6. 成本管理

成本管理主要应用于智能采集和智能计算，利用物联网等技术实现与设备的互联互通，其业务场景和智能技术如表 5-7 所示。

表 5-7　成本管理的业务场景和智能技术

项目	内容
业务场景	智能采集、智能计算
智能技术	物联网、自动化机器人

7. 管理会计

管理会计主要应用于智能管会报告，利用自动化机器人和云计算技术可以实现全维数据的综合应用，其业务场景和智能技术如表 5-8 所示。

表 5-8　管理会计的业务场景和智能技术

项目	内容
业务场景	智能管会报告
智能技术	自动化机器人、云计算

8.绩效管理

绩效管理主要应用于指标测算和智能分析，通过财务专家系统等可以实现企业绩效的追踪和评价，其业务场景和智能技术如表 5-9 所示。

表 5-9   绩效管理的业务场景和智能技术

项目	内容
业务场景	指标测算、智能分析
智能技术	财务专家系统、自动化机器人

5.3   智能财务的实施

智能财务是一系列系统性工程,涉及组织、流程、系统等多方面的变革,同时注重实施工作的整体性和系统性。为了保证智能财务实施工作的有序进行，在实施的过程中要采用成熟的实施方法和步骤。所以，需要具体定义工作准备、业务设计、系统构建、上线准备、系统切换、运行支持 6 个具体的实施步骤，再将每个步骤细分为关键工作和阶段目标，以保障智能财务能够真正落地实施，如图 5-2 所示。

图 5-2   智能财务实施步骤

5.3.1　关键工作和阶段目标

1. 步骤一：工作准备

工作准备阶段主要完成项目启动的必要准备和宣传工作，关键工作是成立项目组织，制订工作岗位职责、项目质量保障的各项制度等，确定项目变更控制流程并设置项目总体计划和下一阶段的工作计划。项目的一切工作准备就绪之后，即可确定项目经理，成立项目实施小组，规划项目整体实施方案，组织召开项目启动会，使高层乃至全体员工对项目实施的过程和方法有清楚的认识，同心协力，推进项目实施。

工作准备阶段的关键目标如下。

(1) 对实施目标、实施策略、里程碑计划达成共识。

(2) 建立项目组织，明确成员职责、奖惩制度。

(3) 项目实施方案及计划正式执行。

2. 步骤二：业务设计

业务设计阶段是项目实施的实质性工作阶段，关键工作是对各单位的具体业务进行调研和分析，进行典型业务差异分析并评估、确定差异解决方案，根据业务实际情况，兼顾个性化需求确定业务设计方案。

业务设计阶段的关键目标如下。

(1) 帮助用户充分了解智能财务的基本功能。

(2) 梳理业务现状，进行差异分析，完成业务设计和确认。

(3) 获得全员的认可。

3. 步骤三：系统构建

系统构建阶段的关键工作是基于业务需求制订详细的系统配置方案，确定个性化需求的具体实现方式并进行系统开发，同步进行集成测试和最终用户测试，编写详细的操作指引，开展用户操作培训。

系统构建阶段的关键目标如下。

(1) 构建测试系统，完成集成测试。

(2) 完成用户培训，确保业务设计的实现。

4. 步骤四：上线准备

上线准备阶段的关键工作是系统上线前的准备工作，即准备数据和开展大量的培训工作，让业务人员真正了解和掌握系统操作方法。

上线准备阶段的关键目标如下。

(1) 完成生产系统环境的检查。

(2) 做好知识转移工作，推动管理制度变革。

5. 步骤五：系统切换

系统切换阶段的关键工作是验证新系统业务处理的正确性和业务流程的合理性，制订新系统的各种管理规章制度、运行的业务规范和岗位操作规范，进一步完善系统操作规程，使每个岗位都处于合格状态。

系统切换阶段的关键目标如下。

(1) 确保系统成功上线。

(2) 及时解决系统上线后的问题。

6. 步骤六：运行支持

运行支持阶段的关键工作是提供各种现场、远程和在线的技术支持、需求改进与系统优化服务，准备运维所需要的文档资料。

运行支持阶段的关键目标如下。

(1) 运维交接。

(2) 项目总结。

5.3.2　风险管理与控制

　　智能财务为企业带来了管理效益、经营方面的革新和利润的增长。智能财务实施时，往往需要采用许多新的、复杂的技术，引进很多新的管理理念，投入巨额的资金，组织庞大的实施与开发队伍，以及持续相当长的时间等。在此过程中，可能会发生管理变革的冲突、客户满意度降低、技术性能不稳定、系统性能降低、费用超标、进度延迟等，这些不确定性因素会带来种种难以预见的后果，有造成失败的风险。企业需要对这些风险进行分类管理并提出应对的措施。

　　1. 智能财务实施风险管理

　　概括来说，智能财务的实施风险一般包括技术风险、进度风险及费用风险。具体来看，智能财务实施过程中可能出现如下问题。

　　(1) 智能财务实施的复杂度超过一般项目，如果没有类似的经验作为指导，会走很多弯路，降低项目的预期效益，也会增加实际成本，带来负面影响。

　　(2) 需要建立有效的项目群管理组织并健全协调机制，管理众多项目之间的关系，实现项目成本与项目期限的有效控制。

　　(3) 需要协调好用户的预期和成果，满足项目实施过程中变革管理的需要。

　　(4) 需要有预判能力和领导协调经验，掌控智能财务实施给业务人员带来的影响，通过教育和培训，使业务人员顺利适应新的工作角色。

　　(5) 需要协调好与其他业务应用系统的集成、接口、数据等问题，做到统筹安排，避免因缺乏管理而失去控制。

　　据统计，智能财务实施过程中和实施后的问题发生概率排名中，排名最前的是"项目成本超预算""项目延期""与企业管理现状的冲突""员工对新业务流程的抵触"和"与项目开发和实施的公司的冲突"等 5 项。因此，在实施中有效地识别风险、管控风险，保证及时采取预防措施，避免日后进行代价更高的风险补偿行为，已经成为智能财务实施成功的必要条件。

2. 智能财务实施风险控制

为了更好地控制实施风险，智能财务实施风险控制应在以下几个方面入手。

(1) 成立一个由企业高层管理人员领导，相关部门的专业骨干人员参与，外部咨询顾问提供协作的高效项目群管理团队。其中，企业高层管理人员的参与是为了保证该团队的执行力和权威性。各部门专业骨干人员的参与，能够使各部门之间协调一致，减少实施的阻力，同时也能发挥内部人员熟悉企业管理模式及业务流程的优势。

(2) 在全面分析、评估风险因素的基础上，制订有效的管理方案是风险管理工作成败之关键，它直接决定管理的效率和效果。因此，项目群管理团队要负责协调制订翔实、全面、有效的项目实施方案和风险预警机制，其内容应包括项目风险管理方案的制订原则和框架、风险管理的措施、风险管理的工作程序等。

(3) 对于实施过程中风险的规避，需要由项目群管理团队进行项目总体协调和指导，按照总体规划的要求，指导具体项目的管理和实施，识别和发现实施过程中的风险与问题，协助提出解决的方案，定期做对比和分析，提出改进意见。

(4) 在和实施商合作的过程中，对于可以在合同中明确的，应予以尽可能详尽的明确，包括提供培训和咨询服务的水平及费用，软件费用与实施费用的清晰界定等，避免在项目实施过程中产生矛盾导致项目不能按时完成。

5.4 智能财务的跨部门协同

随着企业智能化与业务的关系越来越紧密，各行业逐渐产生了共识，即脱离业务单独落实智能化并不能产生价值，只有重视业务的智能化才能提高企业核心竞争力，创造新的产品，为业务带来更好的效率和效益，体现智能化的价值，将智能技术更多地融入新业务，从而形成良性循环。然而，在企业转型过程中，企业如何将智能化与业务恰到好处地融合一直是一个很大的难题。

5.4.1 跨部门协同的难题

大多数业务部门和智能化部门的关系非常微妙，一方面，业务部门认识到智能化部门越来越重要，业务的发展离不开智能化部门的支持；另一方面，业务部门又对智能化部门不是很了解，业务部门对智能化的价值还心存疑虑。当业务停滞的时候，业务部门会把问题推诿到智能化部门，认为是智能化部门没有为业务部门提供支持；而当业务快速发展时，智能化部门的人员却不一定能够得到提升。

5.4.2 跨部门协同的促进

想要解决以上问题，实现业务部门与智能化部门的融合首先要转变传统管理模式，在对基础架构和系统的运行质量进行主动监控的同时，要从真实用户的视角出发对业务系统的实际支撑环节进行关联和透视，并以此为基础搭建企业业务智能化支撑平台，具体来说，可以从 4 个方面切入，如图 5-3 所示。

图 5-3　跨部门协同

1.确定以业务驱动为核心的智能化理念

智能化部门要树立以业务驱动为核心的理念,只有这样才能在全企业范围内形成"智能化技术服务于业务发展"的意识和文化,从业务角度对智能化需求的重要性和紧迫性进行分析。这也是实现智能化与业务融合的根本驱动力。

2.智能化规划和业务规划相匹配

企业需要从一开始就制订和业务规划相匹配的智能化规划,其过程通常会涉及定义、确认、制订智能化规划和业务规划应当满足的具体指标。在智能化规划和业务规划相匹配的过程中,要以业务部门为主。

3.智能化部门自身要培养复合型人才

目前,许多企业是在企业的业务发展战略明确以后才聚集智能化人才进行企业的智能化,这样其实为时已晚。因为良性的业务发展是企业在谋划业务发展时就安排智能化高级人员参与,并对业务发展过程中的智能化建设提出建议。因此,从管理层面来看,智能化人员不能只懂技术,而应该是集管理与智能技术于一体,能够理解企业管理理念并和企业各个层面人员进行沟通的复合型人才。

4.促进智能化部门与业务部门达成共识

工作透明化,避免相互责怪是促进智能化部门与业务部门达成共识的关键一环。其实,出现问题后互相责怪也是智能化部门与业务部门难以融合的关键因素之一。工作透明化,一方面,有利于智能化部门与业务部门之间的沟通，因为透明化的工作可以让大家在沟通时有共同的语言；另一方面，透明化的工作也可以让业务部门和企业高层领导了解智能化部门的工作内容，认识智能化部门的每项工作对业务的支撑作用。

本章小结

　　智能财务在业务和技术两个角度应用到具体的场景中，帮助财务管理发挥更大的功能和作用。智能财务必须采取成熟的方法和步骤才能保障顺利实施，在这个过程中处理好业务部门和技术部门的关系也是较为关键的环节。随着时代的发展，智能财务所发挥的作用将动态地螺旋提升并把财务部门的重要性助推到一个新的高度。

第6章 智能共享财务

随着世界经济全球化的发展，大型企业间的竞争也是日益激烈。企业之间的兼并、合并以及企业内部的整合等日趋增多，全球经济发展的一体化、企业发展的规模化已经是一个不可逆转的趋势。在这样的背景下，各大型企业都希望引入更为先进和有效的管理思想与技术手段来增强企业自身的竞争力，搭建财务共享中心作为财务转型、增强企业核心竞争力的重要举措被广泛使用。

6.1　智能财务共享中心框架

6.1.1　财务共享中心建设的整体框架与智能提升

1. 整体框架

财务共享中心建设的整体框架如表 6-1 所示。

表 6-1　财务共享中心建设的整体框架

项目	内　　容
确定战略定位	财务共享中心战略定位包括财务共享中心战略目标、战略结构、战略职能三个方面，战略目标是对经营活动预期目标的期望值；战略结构是对财务共享中心的定位规划；战略职能是对服务模式的规划，以及对未来战略财务、共享财务、业务财务的职能划分。财务共享中心的战略定位处于顶层地位，只有在战略层面规划好整个共享服务的方向，才能使财务共享中心的业务始终与财务中心战略定位保持一致
完善组织架构	财务共享中心组织架构取决于战略定位，目的是为业务建立完善的组织保障体系，围绕财务共享中心的战略目标，不断降低成本，提升管控能力，从而保障战略目标的实现，包括组织设计、运营模式、内设机构等内容
梳理业务流程	完整的财务共享流程包括流程目标确立、流程再造与组织结构调整、流程执行、流程优化与维护 4 个环节
建设共享信息系统	共享信息系统是共享服务落地实施的工具，包含服务申请、自动化流程引擎、交互中心、自助服务、共享服务水平协议分析、权限管理、业务和系统集成工具、知识管理等功能

2. 智能提升

财务共享中心智能提升的重点方向是财务共享业务平台，其提供了申请提报和业务处理的相关功能，除此之外，还提供了用于发票扫描的影像系统和文本文件、图片附件、财务凭证等非格式数据的电子档案系统，以及能够进行完整财务处理的后台财务系统。财务共享运营平台则实现订单管理、派单管理、记账管理、支付管理、绩效管理、知识管理等功能。另外，流程自动化也是财务共享中心智能提升的重点方向，通过自动化机器人帮助共享中心完成重复性高、操作统一的日常工作。

6.1.2 财务共享中心运营的整体框架与智能提升

1. 整体框架

财务共享中心运营的整体框架如表 6-2 所示。

表 6-2　财务共享中心运营的整体框架

项目	内　　容
服务水平协议	服务水平协议包括共享服务范围、服务方式、服务费用、服务质量承诺、企业职责、服务流程、问题解决流程、合同期限等内容
人员管理	财务共享运营人员管理是在运营过程中从事业务管理的基础服务人员、掌握核心技术的骨干人员和负责共享服务中心各部门日常运营的管理人员
质量管理	财务共享运营质量管理是在业务团队对外提供服务后，作为内部第三方监控服务输出的效率，其主要内容包括分析质量管理的需求、策划财务运营的流程、财务运营质量检测控制，对财务运营过程中的质量薄弱环节进行识别，制订改进措施
服务管理	财务共享中心客户服务管理是对财务共享中心客户服务工作进行长期、有效的控制，明确服务规范，及时处理客户的投诉，最大限度地提高客户服务的满意度，不断提高财务共享中心的专业水平与服务能力。通过建立专业客户服务团队，为客户提供及时、准确的咨询服务，屏蔽客户与具体业务人员的对接，保证业务得到高效的处理
风险管理	风险管理是在事中向业务提供风险管理服务，在事后通过内控检查的方法监控业务执行的有效性。风险管理侧重过程管理，以保证可能造成实质性损失的业务不会导致严重的后果

2. 智能提升

财务共享中心运营智能提升的重点方向是应用大数据技术提升数据管理能力，通过整合、归集内外部数据，提供多元化数据服务并搭建统一数据集市，最终发挥数据的作用。另外，财务共享中心要提升业务分析能力，在运营的过程中通过数据了解业务前端，对企业经营的核心指标进行分析并提供决策支持。同时，通过机器学习、数字助手、语音识别等智能技术，让系统可以"看"（影像识别技术），可以"听"（自然语言识别技术），可以"思考"（知识图谱和智能推理技术），可以"学习"（知识图谱和机器学习技术），助力财务共享运营实现智能化的转型和升级，成为智能共享运营中心。

6.1.3　财务共享中心外包和众包的整体框架与智能提升

1. 整体框架

财务共享中心外包和众包的整体框架如表 6-3 所示。

表 6-3　财务共享中心外包和众包的整体框架

项　目	内　　容
外包供应商管理	建立外包供应商资源池，对供应商规模、资质、服务能力、交付质量等方面进行有效评价
众包资源管理	能够对众包资源有效管理，获得公众的参与并持续提升管理质量，最终获得回报
众包平台建设	能够搭建满足众包模式要求的信息平台，支持任务的分发和管理

2. 智能提升

财务共享中心的外包和众包体现在很多方面，通过近几年的应用来看，有一种比较成熟的做法是影像识别外包。影像识别即运用光学技术，读取图片、照片上的文字内容并自动将其转换为可编辑文本。受图片清晰度、规则度、算法等多方制约，还是会有一小部分无法识别的内容需要人工识别，这些内容通过外包平台进行外包并进一步进行人工识别，以达到实现百分之百准确识别率的目标。

6.2　财务共享中心建设

财务共享中心建设是一项复杂的系统性工程，涉及理念认识、组织人员、业务流程、信息系统等多方面的变革，需要持续优化和不断提升。总体来说，大型企业建设财务共享中心通常会面临以下几个方面的挑战。

(1) 人员难以调整。企业建立财务共享中心，要进行业务集中、流程再造等一系列调整，会导致人员、工作地点的变化。同时，人员调整涉及员工观念的转变、转岗及离退休人员的安置、员工职业发展通道的设计等问题。人员问题容易引发企业内部矛盾，而企业转型升级离不开人员的积极配合和观念转变，能否妥善处理人员问题，关系到财务共享中心建设能否顺利推进。

(2) 财务信息系统难以统一。统一信息系统是企业实现财务共享的重要基础之一，能够助力企业提高数据质量和流程自动化水平。大型企业下属单位众多，内部信息系统多样，如果财务信息系统不统一，则数据的共享与利用、财务工作效率都会受到制约，进而影响企业财务数字化转型的进程。

(3) 运营管理体系不完善。财务共享中心是一种创新的财务组织模式，需要建立完善的运营管理体系，确保业务规范执行，保持组织的健康与活力。目前大多数企业财务共享中心的运营管理活动相对简单，如果不能建立完善的运营管理体系，并且未针对不同建设阶段选择不同的重点维度持续评价并改进业务流程，财务共享中心的发展将受到重大影响。为解决这些大型企业财务共享中心建设的难题，就需要采用成熟的建设方法和策略。

6.2.1　总体架构

在财务共享中心建设的过程中，需要关注各个要素的特性及其相互关系，并针对每个要素进一步深化管理。财务共享中心总体架构如图 6-1 所示。

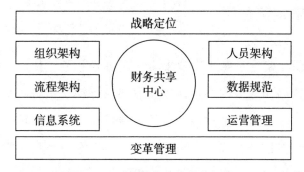

图 6-1　财务共享中心总体架构

战略定位：涵盖财务共享中心的战略目标、战略结构和战略职能等相关内容。

组织架构：涵盖财务共享中心的运营模式、内设组织、管控关系等相关内容。

人员架构：涵盖岗位职责、岗位人员编制、人员能力要求、人员测算等相关内容。

流程架构：涵盖流程分类、流程要素、财务共享中心流程服务目录、财务共享中心典型流程等相关内容。

数据规范：涵盖数据的定义、数据管理流程、数据应用场景等相关内容。

信息系统：涵盖服务申请、自动化流程引擎、交互中心、自助服务、共享服务水平协议分析、权限管理、业务和系统集成工具、知识管理等相关内容。

运营管理：涵盖服务水平协议、运营人员管理、运营流程管理和信息系统运维提升等相关内容。

变革管理：涵盖财务共享中心变革的内容、变革的模式、变革的管理等相关内容。

6.2.2　战略定位

企业集团战略定位是指企业采用什么方式和通过什么途径为哪些客户提供什么产品和服务的决策，以获取和保持经营优势，实现企业战略目标。战略定位的目的是实现企业的发展目标，而要实现发展目标，企业必须获取和保持经营优势，经营优势来源于企业在目标客户、产品和服务、运营模式三方面的决策。从本质上讲，战略定位是选择与竞争对手有差异化的活动，或以差异化的方式完成相似的经营。财务共享中心战略定位框架包括财务共享中心战略目标、战略结构、战略职能三方面的内容，战略目标是对经营活动预期目标的期望值；战略结构是对财务共享中心的定位规划；战略职能是对服务模式的规划，以及对未来战略财务、共享财务、业务财务的职能划分。财务共享中心的战略定位处于顶层地位，只有在战略层面规划好整个共享服务的方向，才能使财务共享中心的业务始终与财务共享中心的战略定位保持一致。

6.2.3　组织架构

财务共享中心的组织架构取决于战略定位，目的是为业务建立完善的组织保障体系，围绕财务共享中心的战略目标，不断降低成本，提升管控能力，从而保障战略目标的实现，包括组织设计、运营模式、内设机构等方面的内容。一方面，财务共享中心的组织架构设置和运营模式有着紧密的联系，不同的运营模式决定了不同的财务共享中心布局，进而决定了财务共享中心的内设组织形式。另一方面，组织架构是业务流程的基础和运行的载体，信息系统为组织架构提供了支撑，运营管理则承接了组织人员的管理责任，使组织人员得到最大限度的优化，从而发挥更多的功能。

6.2.4　人员架构

人员架构是基于组织架构的进一步细分，对各职位的工作内容进行了概括，包括职位目的、基本职责等内容，同时对任职人员的标准和规范进行描述，包括该职位的行为标准，胜任职位所需的知识、技能、能力、个性特征，以及对人员的培训需求等内容。在人员的选择上，为了最大限度地发挥财务共享中心的职能和作用，应该合理地分配相关岗位配额，通过科学的测算方法（人员测算的方法有业务分析法、对标评测法和数据测算法三种）核定岗位的人员设置，通过细化岗位职责明确工作边界，最大限度地发挥岗位中的人员效能，实现人员价值最大化。

6.2.5　流程架构

流程管理是将企业中的各项业务流程细化，通过标准化的运行方式，将输入、输出有机地关联并相互转化的过程。完整的财务共享流程管理可以概括为流程目标确立、流程再造与组织结构调整、流程执行、流程优化与维护 4 个环节，并且这 4 个环节都是围绕企业整体的战略目标展开。流程管理是财务共享中心建设的重心，其中流程再造是关键。一方面，企业需要关注流程再造的方式、方法，选择合理的流程梳理途径，循序渐进地开展改革事宜，并在人事方面做出有效协调，为企业员工提供优良的发展渠道和培育机制，避免在流程再造的过程中产生一些负面效应。另一方面，规范、标准化的流程管理体系能让财务共享中心更有效地控制运行成本，优化信息输出的质量，提高企业灵活应变的能力，综合改善企业的组织结构和资源配置，大幅度提高客户满意度，实现企业在经济效益方面的提升，促进企业战略目标更快落地。

6.2.6　数据规范

数据规范是财务共享中心信息系统的基础和前提条件，也是规范核算工作、提高会计信息质量和出具会计报表的必要环节。数据规范包含财务数据规范、数据流程规范和数据业务应用三个方面的内容。实践证明，通过数据规范能够有效提升财务共享中心信息系统的使用效率和效果，进而推动财务共享中心的整体优化和提升。

6.2.7　信息系统

信息系统是共享服务落地实施的工具，它包含服务申请、自动化流程引擎、交互中心、自助服务、共享服务水平协议分析、权限管理、业务和系统集成工具、知识管理等功能。共享信息系统主要有重量化共享服务应用架构和轻量化共享服务应用架构两种模式。重量化共享服务应用架构的特征是共享服务系统不但提供共享服务的运营管理功能，而且提供业务功能。轻量化共享服务应用架构的特征是共享服务系统仅仅提供共享服务组织自身业务的运营和管理功能，而以服务的方式提供总账、应收、应付、固定资产等功能。两种信息系统架构各有利弊，企业应该根据自身的情况来进行选择。通常来说，大型企业更适合采用轻量化共享服务应用架构。

6.2.8　运营管理

运营管理是对组织中负责制造产品或提供服务的职能部门的管理。运营管理的对象是运营过程和运营系统。财务共享中心运营管理包括服务水平协议、人员管理、运营流程管理、信息系统运维与提升 4 个方面。财务共享中心运营管理通过服务水平协议和被服务单位建立连接，加强人员管理，不断优化绩效、质量、服务、标准化和制度建设，加强财务共享中心信息系统的运维和能力提升，实现运营管理的最优化。

6.2.9　变革管理

变革管理是指对企业内部层级、工作流程及企业文化进行必要的调整与改善，以达到顺利转型的目的。变革管理的主要内容包括战略变革、组织结构变革、技术变革、流程变革、企业文化变革 5 个方面。建立财务共享中心是财务工作的一次重大变革，不仅涉及理念、观念、业务模式、标准流程再造、体制机制、组织机构人员、管控方式等多个方面的变革，而且对业务的影响也非常重大。所以，在财务共享中心全局架构每个环节的设计中，都必须考虑变革产生的影响并做好应对措施。

6.3 财务共享中心运营

财务共享中心是一种创新的财务组织模式，需要建立完善的运营管理体系，确保业务规范执行，保持组织的健康与活力。如果不能建立完善的运营管理体系，不能针对不同建设阶段选择不同的重点维度持续评价并改进业务流程，财务共享中心的发展将受到重大影响。

6.3.1 运营体系框架

财务共享中心运营体系按照发展阶段可以划分为初创期、成长期、成熟期。运营初创期是指财务共享中心上线后运营 1 年以内这段时间。在这个阶段，培训体系建立、信息化管理、运营分析、质量管理、客户服务最为紧急。财务共享中心在此阶段还处于变革期，无论是企业业务部门还是财务部门，对于财务共享中心的不稳定都可以理解和容忍，并期待财务共享中心能够逐步改善。运营成长期是指财务共享中心运营 1 ～ 3 年这段时间。在这个阶段，财务共享中心的运营职能升级，需要进一步完善人员管理、绩效考核、标准化管理、成本管理、战略管理、满意度评价等功能。在保证运营的基础上，财务共享中心需要考虑长期的发展计划和人员管理制度，制定策略并协调资源达成绩效目标，完善标准化机制保证业务的持续、平稳开展，开始关注作业的投产比。财务共享中心运营 3 年之后均为运营成熟期。在这个阶段，需要引入组织管理制度、文化管理制度来保证团队的稳定和持续的战斗力，持续优化流程管理、精益管理、风险管理、六西格玛管理，通过加强项目管理、创新管理、成熟度评价等实现跨越式提升。运营体系框架如表 6-4 所示。

表 6-4 运营体系框架

阶段	服务业务	服务管理	监督控制
运营初创期	运营分析	—	质量管理
	培训体系	—	—
	财务信息化	—	—
	客户服务	—	—
运营成长期	人员管理	战略管理	满意度评价
	绩效管理	组织管理	成本管理
	标准化管理	—	—
运营成熟期	流程管理	文化管理	六西格玛管理
	精益管理	—	内控与风险管理
	项目管理	—	成熟度评价
	创新管理	—	—

6.3.2 运营初创期

1. 运营分析

财务共享中心运营分析是指制订运营监控指标、获取运营数据、用数字量化反映财务共享中心的运营情况，对异常情况进行分析，辅助业务管理。运营分析的内容包含运营监控指标分析、运营数据管理和运营业务管理等。

2. 培训体系

财务共享中心培训体系包括培训管理办法、培训工作流程、培训评估体系、培训预算管理等一系列与培训相关的内容。不同的员工群体，专业、能力、起点不同，培训方案应有所差别。例如，在制订培训计划时，应首先明确员工群体已经具备的知识和财务共享中心运营所需知识之间的差距，应尽可能地考虑该群体原有的财务能力，在培训中有重点地引导员工将原有工作经验与现有的财务共享中心运营业务相结合，并对员工的业务实际操作能力进行培训。

3. 财务信息化

财务共享中心作为业务与开发的接口人，信息系统管理在运营管理过程中主要有两个职责：一是负责业务需求的对接，站在技术角度评估业务的系统需求，将其转化成技术人员能够理解的语言并完成开发；二是负责新技术的引入，以业务驱动，不断地迭代、优化，最大限度地发挥财务管理的职能和作用。

4. 客户服务

财务共享中心客户服务管理是指对财务共享中心客户服务工作进行长期、有效的控制，明确服务规范，及时处理客户的投诉，建立服务水平协议机制，最大限度地提高客户服务的满意度，不断提高财务共享中心的专业水平与服务能力。财务共享中心应通过建立专业客户服务团队，为客户提供及时、准确的咨询服务，屏蔽客户与具体业务人员的对接，保证业务得到高效的处理。

5. 质量管理

财务共享中心质量管理是指在业务团队对外提供服务后，作为内部第三方监控服务输出的效率、质量等是否满足服务水平协议的要求。财务共享中心质量管理的主要内容包括分析质量管理的需求，策划财务运营的流程，财务运营质量检测控制，对财务运营中的质量薄弱环节进行识别，制订改进措施。

6.3.3　运营成长期

1. 人员管理

财务共享中心人员管理是指针对在运营过程中从事业务管理的基础服务人员、掌握核心技术的骨干人员和负责共享中心各部门日常运营管理的管理人员这三类人员，根据其可替代性、流动性、专业性进行差异化管理，全面调动财务共享中心的运营积极性，形成独特的服务、监督双角色企业文化。

2. 绩效管理

财务共享中心绩效管理包括组织绩效和员工绩效两个方面。组织绩效通过对业务时效性的考核，促进业务处理效率的有效提高；通过对业务部门的满意度进行测评，促进财务共享中心服务能力的增强；通过对财务共享中心流程化和标准化的考核，促进组织人力成本的有效节约。个人绩效考核根据不同人群的绩效特点设定相应的个人绩效方案，保障财务共享中心稳定运作。

3. 标准化管理

财务共享中心标准化管理是指通过流程、制度的统一和固化来保证重复性工作的处理质量。财务共享中心标准化管理的主要内容包括组织编写流程手册、岗位操作手册，进行制度汇编等，并在编写过程中提供工具、方法。

4. 战略管理

财务共享中心战略管理是指确定财务共享中心长期发展目标，定期检视具体计划的执行是否符合长期发展方向，保证财务共享中心的价值得到最大限度地发挥，其主要目的是结合企业的目标，提供必要的服务，如完成财务、人力、信息、数据等支持性工作，最终实现总体发展目标。

5. 组织管理

财务共享中心组织管理是指通过建立组织结构，规定职务或职位，明确责权关系等，有效实现组织目标的过程。财务共享中心组织管理的具体内容是设计、建立并保持一种组织结构，其主要内容包括运营模式选择、布局设置和内设机构设置。

6. 满意度评价

财务共享中心满意度评价是以双方 (与服务对象) 签订的服务水平协议为纽带开展的事后评价，主要包括客户服务组织、客户服务工具、客户服务制度、客户服务反馈机制四大方面的内容，其核心目的是通过立体化的分析为财务共享中心找到改进方向。

7. 成本管理

财务共享中心成本管理是指通过建立成本分析和预算管理指标体系、投产比的监控体系来反映财务共享中心运营效率，其难点在于成本的分摊、单业务量的定义等。

6.3.4　运营成熟期

1. 流程管理

财务共享中心流程管理的最终目的是使企业达成总体战略目标，实现使命与愿景。因此，财务共享中心流程管理的目标应与企业战略目标紧密结合，在流程管理目标的指导下开展企业流程梳理与再造、流程执行、流程优化与维护等不同阶段的工作，采用更加统一的标准和规范，提升企业的管理效率。

2. 精益管理

财务共享中心精益管理是指通过全业务的优化管理，提高财务共享中心整体运行效率。传统流程管理注重流程优化一个维度，而精益管理从流程、制度、人员、客户管理等维度综合考虑，以提高组织运营绩效。

3. 项目管理

财务共享中心项目管理是指通过建立一套项目管理培训和工具，提高员工应对系统建设等非日常工作的项目管理能力，其主要包含项目的进度、成本和质量管理等工作。

4. 创新管理

财务共享中心创新管理是指通过一套科学的创新管理方法，用跨界的方法、模式、技术解决组织中的疑难杂症，避免为了创新而创新，其核心要素是组织中是否有一个具有创新思维的领导，是否能够建立一个顺畅地进行沟通、讨论的机制。

5. 文化管理

财务共享中心文化由精神文化、制度文化、行为文化、物质文化四个层次构成，其中，精神文化决定了行为文化、制度文化和物质文化，制度文化是精神文化、物质文化和行为文化的中介，物质文化和制度文化是精神文化的体现。

6. 六西格玛管理

六西格玛是一种管理策略，它主要强调制定极高的目标、收集数据及分析结果，通过这些环节来减少产品和服务的缺陷。六西格玛管理的原理是检测项目中有多少缺陷，就可以找出如何系统地减少缺陷，使项目尽量完美的方法。

7. 内控与风险管理

财务共享中心模式下的内控深化建设是一项长期性的工作，这项工作的开展能够为内部控制管理提供有力的支持，优化内部控制管理，表现为能够进一步强化工作人员的风险意识，严格贯彻落实内部控制平衡机制，从管控关系上推进内部控制与风险管理。

8. 成熟度评价

为合理、有效地衡量与评价财务共享中心的运营管理能力，通过设置量化的成熟度等级、成熟度评价指标体系可以衡量财务共享中心的发展情况，结合定期的评价促进财务共享中心的平稳运营及价值最大化，指导财务共享中心的改进方向。

6.4　流程自动化机器人

流程自动化机器人又称数字化劳动力，是一种智能化软件，是指通过记录人员在计算机桌面上的操作行为，熟记规则和行为，并模拟人自动执行一系列特定工作流程的机器人。流程自动化机器人具有对企业现有系统影响小，无须嵌入其他系统，基本不编码，实施周期短，而且对非技术的业务人员友好等特性。流程自动化机器人不仅可以模拟人类的行为，而且可以利用和融合现有的各项技术，如规则引擎、光学字符识别、语音识别、机器学习及人工智能等前沿技术，来实现其流程自动化的目标。流程自动化机器人可以应用于任何行业的任何场景。

财务机器人是一款能够将财务手工工作自动化的机器人软件。机器人的作用是代替人工在用户界面上完成高重复、标准化、规则明确、大批量的日常事务操作。与一般软件或程序相比，流程自动化机器人可以定义为人工智能、机器学习等认知技术在业务自动化中的灵活使用，可以是针对重复性工作的自动化操作，以及高度智能处理的自动化操作，而一般软件或程序是被动地由业务人员操作。流程自动化机器人替代人工主动操作其他软件，能够极大地提高工作的效率，减少重复劳动，有助于财务人员将更多的精力放在提高管理水平和创造价值上。

6.4.1　应用场景

流程自动化机器人在财务工作中的常见应用场景包括以下几类。

1. 资金对账

流程自动化机器人可以实现自动下载银行对账单记录，自动按要求整理成导入格式，自动导入对账单，自动执行对账任务，完成所有账户的自动对账工作和定期生成余额调节表，并以邮件方式反馈对账结果。流程自动化机器人可以按照不同银行账户、收款类型的对账规则完成银企对账工作。

2. 银行回单

流程自动化机器人可以自动登录网银下载回单，并获取回单结构化信息；进入财务相关系统，完成回单的匹配挂接；任务完成后，以邮件形式进行结果反馈。

3. 报表订阅

财务部门为业务部门提供数据服务，定期查询报表数据并将其整理后分发给各部门（如每月快报数据或预算执行情况），由于部门与报表数据类型多、技术含量低，又属于周期性的重复操作，可以根据各业务部门的需求订制报表，再由流程自动化机器人执行数据输出、加工等，最后根据各业务部门的需要进行分发，流程自动化机器人可以完全取代人工自动完成每月报表数据的分发工作。

4. 税费计提

月末，税务专责要先在系统中查询各类税费项目的计提基数，如城建税、教育费附加等，人工完成计提表后，再进入系统完成税费计提单并进行传递，最后由总账财务完成制证。这个工作需要周期性地重复操作且时效性要求高，但由人工完成收集数据、计算等工作效率极低且容易出错或遗漏。流程自动化机器人可以根据预设的税费项目的取数规则查询科目汇总表，获取计提基数，计算税额，完成税费计提表；根据完成的税费计提单进入系统，完成税费计提单的发起、传递、审批；根据系统由税费计提单生成的凭证，完成凭证的传递。

5. 智能客服

客服中心系统旨在建设一个集实时与流程于一体的在线交流平台，通过客服中心将呼叫中心、系统工单处理功能、人工坐席服务功能、机器人服务功能、服务转接功能、服务知识库功能、客户信息资料处理功能等紧密联系起来。流程自动化机器人采集呼叫中心、在线工单、在线客服、邮件服务所记录的资料，可以分门别类地进行统计并形成报表。意见处理完毕，可由客服人员主动联系用户，告知处理意见，形成闭环处理流程，从而打造全新的客户服务形象。服务人员可以和客户更加方便、快捷、直接地沟通，发掘更多的潜在客户，捕捉转瞬即逝的商机，降低运行成本，提高工作效率，获得用户的咨询与反馈信息，提升客户满意度，成为在线咨询、在线营销、在线客服的有力工具。

6. 凭证归档打印

由于 ERP 凭证、财务系统凭证、电子回单、原始附件之间无直接关联，在传统管理模式下由人工线下进行各系统单独打印，再一一对应整理并装订，操作烦琐，重复性强，费时费力，差错较大，降低了财务专责的工作效率，同时影响了档案管理的进度。流程自动化机器人可以自动登录各系统，按装订要求、按顺序进行打印，从而实现凭证打印后无须人工再次进行核对、匹配、整理的工作，直接按序号装订即可。

7. 发票交收

通过流程自动化机器人交收发票，可以有效解决实物交收过程中的收票人不在、排队等待、票据校验、业务数据核对、交收凭据、票据遗失等问题。

8. 自助报账

使用流程自动化机器人可以打造企业级实物数字化智能终端，涵盖票据交收、票据自动查验、业务智能衔接、实物及进度跟踪等功能，全面覆盖企业各类票、证、单的交收管理，满足跨部门协同、跨系统衔接的票据全生命周期管理。

6.4.2 落地实施

流程自动化机器人作为人工智能初级阶段的产品，落地实施的技术核心是建立流程自动化机器人技术平台，形成业务能力输出给各个业务流程实现自动化，逐步推进机器人服务的规范化、平台化，从而形成完善的流程自动化运营服务体系，潜移默化地融入业务处理、流程运作与日常办公中。流程自动化机器人实施的典型路线可以总结为 5 个步骤，具体如图 6-2 所示。

图 6-2　流程自动化机器人实施的典型路线图

1.探索试点阶段：引入机器人技术

流程自动化机器人技术的初级阶段是探索试点阶段，做好流程自动化机器人技术的引入与应用场景的落地实施是这个阶段的关键。由于流程自动化机器人技术与产品具有一定的可选性，可以开展 POC(proof of concept) 测试进行 1 或 2 个试点流程的产品验证，从而选出符合实际需求和预算要求的流程自动化机器人产品，循序渐进，逐步将流程自动化机器人理念引入企业管理中，为下一个阶段奠定坚实的基础。

2.推广深入阶段：搭建机器人工厂

推广深入阶段的核心在于全面梳理企业通过流程自动化机器人技术进行改造和自动化的流程，更广泛地获得潜在需求并逐步转化、落地与验证的过程。在推广深入阶段，企业可以考虑大规模部署和管理，以业务需求为导向，提升流程自动化机器人相关项目的规模，扩充流程自动化机器人相关的机器人数量和授权，搭建机器人工厂，逐步建立完备的流程评估、筛选和变更标准。

3. 运营中心阶段：聘用机器人员工

随着推广深入阶段工作的开展，每个部门流程自动化机器人业务场景的工作不断固化、强化与规范化，此时进入第三个阶段，即运营中心阶段。这个阶段，流程自动化机器人已经是企业业务运作与日常管理不可或缺的服务提供者，因此需要信息部门或者其他部门牵头负责总体运营的管理与服务输出工作，形成流程自动化机器人运营中心，为每个部门按需配置机器人，以满足日常运转的需要。流程自动化机器人运营中心将实现能力的对接：为业务部门提供业务场景的咨询服务，制定标准的规范，分析和评估业务部门的需求。

4. 机器人伴随阶段：拥有机器人助理

经过第三个阶段的工作，随着流程自动化机器人技术的深入应用，流程自动化机器人的服务将实现新的飞跃，由面向业务流程与部分界面向面向个人转变，打造机器人伴随服务能力，即为员工配备机器人助理。此阶段的核心在于实现全员对流程自动化机器人技术的深入理解与服务的熟练使用，由企业级、部门级、流程级服务向个人事务级的方向发展，企业流程自动化机器人运营中心提供技术培训与指导，流程自动化机器人助手可以为每名员工提供类似于办公 Office 等日常应用与服务，完成收发邮寄、处理公文、撰写文档等个性化工作。

5. 智慧企业阶段：AI+ 机器人打造智慧企业

通过人工智能技术的应用与流程自动化机器人的融合，改造企业传统的信息系统，可以实现智慧型企业的最终提升与转变。当然，对于流程自动化机器人自身的管理在实施的全生命周期中都需要特别注意。一方面，从制度、流程、规范等层面对机器人全生命周期进行标准化的管理，使得机器人的响应更加快速、灵活，运行更加高效、准确；另一方面，从风险与审计出发，通过配套的管理和技术手段对机器人流程与数据的安全风险、合规风险、审计风险等进行落地及控制。

流程自动化机器人是一种软件机器人，既然是"人"，那么就应该有眼睛、耳朵、嘴巴，有手脚，有脑袋。基于人工智能领域目前相对成熟的技术，流程自动化机器人就具有了与人类似的以下功能。

(1) 眼睛的功能。利用 OCR(optical character recognition，光学字符识别)、图像识别、语义识别等技术，流程自动化机器人可以"阅读"打印和手写的文字，实现发票识别、身份证识别、银行卡识别等功能。

(2) 耳朵的功能。利用语音识别技术，流程自动化机器人可以"听懂"人类对话，结合语义识别技术就可以实现会议记录 (文字)、实时翻译等功能。

(3) 嘴巴的功能。利用语音合成技术，流程自动化机器人可以"说话"，结合语音识别和语义识别技术就可以实现智能导游、智能导购、智能 HelpDesk 服务等功能。

(4) 手脚的功能。利用机器手臂、自动驾驶等技术，流程自动化机器人可以"行动"，结合机器学习等技术就可以实现无人驾驶、无人物流、无人工厂等。

(5) 脑袋的功能。利用统计分析、机器学习、深度学习等人工智能技术，流程自动化机器人就真正具有了智能，可以像人一样思考、学习和决策。

综上所述，流程自动化机器人技术作为企业数字化转型的重要抓手，可以为业务赋能，为提升客户体验提供强有力的技术支撑。企业将基于规则的自动化，增加基于深度学习和认知技术的推理、判断、决策能力，通过整合流程自动化机器人、机器学习等智能技术，增强流程自动化机器人的认知能力，打造智能机器人，全面提升企业的智慧能力。而财务部门可以通过引入流程自动化机器人技术，将前沿的信息技术直接转化为企业可以产生直接价值并且更加经济的虚拟劳动力，加速企业的数字化转型之路。

6.5 共享财务的持续发展

6.5.1 云服务助推全球化

云服务所具有的低成本、高效率、高灵活度、高集中度等特性，对集团型企业而言具有巨大的商业价值，是信息技术发展和服务模式创新的集中体现，是信息化发展的重大变革和必然趋势。云服务的应用有利于推动企业加快数字化、网络化、智能化转型，提高创新能力、业务实力和发展水平；有利于加快软件和信息技术服务业发展，深化供给侧结构性改革，促进互联网、大数据、人工智能等技术与实体经济的深度融合，加快现代化经济体系建设。

依托云技术的财务共享中心的优势非常明显，具体如下。

(1) 建立财务共享中心可以满足集团复杂的财务管理基本需要，降低财务管理成本，提高效率。用户通过终端设备接入互联网即可获取云服务，大大减少了本地数据的存储和处理，避免因购置软硬件设施和维持庞大的基础 IT 服务部门而导致大量的资金投入。

(2) 云服务财务共享平台的资源可随时随地获取的特性充分满足了用户对资源使用即时性的要求，使财务协同成为可能。

(3) 构建基于云服务的全球统一财务共享平台，可实现不同区域业务的不同需求，灵活、高效地配置服务资源。财务人员只需要将计算机接入网络即可访问统一服务平台进行日常财务操作。云计算的框架下，可在全球范围内建立一支能够在不同时区随时随地协同工作的专业团队，建立新的系统工作流程和机制，解决不同地区文化习俗和作息时间的差别等非技术性问题。

综上所述，基于云计算技术和云服务平台的财务管理方式将成为越来越多企业集团实践、发展的方向。

6.5.2　事项法会计引领新价值

大型企业集团的转型升级与创新发展需要财务变革，对内要进行精细化管理，对外要高效、精准地服务客户，提供实时分析和反应的技术。在这样的环境下，超越传统科目模式而采用更多维度、更精细化的账务核算，是支撑高效交易、灵活业务的一种实力创新，是从业务数字化走向管理数字化的必经之路，会计工作发展到了"大智移云物区"技术下的事项会计时代。基于事项法会计理论的新一代智能财务产品，以"事项"为工作对象，反映每项交易所蕴含的基本特征，使会计真正成为一种全球通用的商业语言。要实现这样的突破，需要在理念、架构等方面进行变革，包括设置更丰富的管理维度，建立账户级报表体系，以及建立统一的会税引擎，以应对当前会计准则、税法制度的不断变化和发展。财务共享中心提供的会计信息满足了不同使用者的个性化需求，通过计算机网络实时将企业发生的经济事项反映给信息使用者。智能服务产品将为财务共享模式的推进提供变革性支撑。

6.5.3　智能财务持续发展

随着人工智能的深度发展，在以智能财务共享平台为主流的智能财务体系下，财务智能应用可以进一步消除财务人工作业流程，基于强大的深度学习能力、计算能力和反应能力，像人类一样进行自主的信息搜集、信息分析并代替人类做出经营决策。企业应采用全新的财务思想，构建连通、集约、自动、高效的智能化财务体系。

本章小结

　　共享财务从全面建设、运营提升、技术创新再到持续发展是一个螺旋迭代上升的过程。企业要以系统工程的视角来组织共享财务的全面建设，顺应时代要求，切合实际分步推进技术创新，获得持续发展，这样才能在智能共享财务上取得更大的成效。

第 **7** 章　智能专业财务

　　智能专业财务是智能财务的重要组成部分，它通过与智能技术的结合让管理会计发挥更大的作用，并为企业的发展、决策提供相应的支撑。同时，专业财务和战略财务、共享财务、业务财务形成了四位一体的财务管理新模式。

7.1 智能专业财务框架

7.1.1 财务报告

1.整体框架

财务报告的整体框架如表 7-1 所示。

表 7-1　财务报告的整体框架

项目	内　　容
财务标准化	能够实现会计科目标准化、核算流程标准化和数据标准化
财务核算自动化	能够集成财务核算与业务，在统一核算的基础上，实现业务到财务的贯通，业财信息链路全面打通，自动出具报表
会计报告质量	能够确立统一的报表体系，从外部财务报表和内部管理需求出发，优化财务报告指标体系，确保会计报告质量
管理会计报告	能够实现管理会计报告，其所需的数据不仅包括财务口径的收入、成本、费用、利润等价值量数据，还包括产量、作业量、动因量、人工及工时量等实物量数据
全维度分析	能够实现全维指标分析，建立纵贯企业全部经营管理链条的全维度指标体系

2.智能提升

财务报告以会计科目标准化、核算流程标准化和数据标准化为基础，依托智能核算实现业务到财务的贯通，提升自动化和会计信息质量。一方面，会计引擎的出现打破了传统的紧耦合模式并将其转变为松耦合模式，这使得财务能够随着业务的变化进行更加敏捷、快速、灵活的调整；另一方面，基于机器学习和数据可视化技术，通过建立量化模型来模拟企业的商业模式和经营过程，实现与业务数据的自动衔接，为各层级管理者的科学决策提供多维度、可订制、可视化、可量化信息支持。

7.1.2　司库/资金管理

1. 整体框架

司库/资金管理的整体框架如表 7-2 所示。

表 7-2　司库/资金管理的整体框架

项目	内　　容
资金集约管理	能够构建资金全面集中、统一管理的资金管理体系
融资管理	能够根据资金市场走势合理优化债务结构，选择适当时机开展直接融资，降低资金成本
现金流管理	能够通过与全面预算集成，实现对年度经营、投资、融资等各方面的控制
委贷与担保	能够合理配置委贷和担保资金，控制资金风险
资金系统管理	能够建立匹配资金管理需求的信息系统，满足资金管理需要

2. 智能提升

司库/资金管理通过应用流程自动化机器人技术，让企业实现资金收支信息的自动对照和支付，大幅提升资金的收支和结算效率。另外，在资金计划环节应用大数据建模可以对业务进行预测，通过数据积累和算法的完善，资金计划测算也会越来越准确。同理，数据的可视化展示和实时数据的应用可以帮助企业实现智能资金调度。

7.1.3　税务管理

1. 整体框架

税务管理的整体框架如表 7-3 所示。

表 7-3　税务管理的整体框架

项目	内　　容
税收政策研究	能够建立税收信息资源库，汇总国家及地方政府发布的最新税务政策
税收筹划	能够制定税收筹划的内容及措施，明确税收筹划的实施机构及工作机制
税务风控	能够搭建税务风险管理体系，规范税务管理流程，防范税务风险
境外税务管理	能够研究所涉国家税收政策变化，防范税收风险
税务评价	能够挖掘税务数据价值，制定税务工作评价指标库

2. 智能提升

税务管理依托云计算、数据挖掘等技术全面解析税务法规政策，提炼风险点、筹划点，梳理端到端业财税流程，清晰界定流程的起点、过程环节和终点，实现智能的发票管理和税收筹划。同时，通过对过程管理实现了智能税收风控，规避了税务风险，并利用数据挖掘技术构建"智慧税务地图"实现税务管理的可视化。

7.1.4　资产管理

1. 整体框架

资产管理的整体框架如表 7-4 所示。

表 7-4　资产管理的整体框架

项目	内　　容
产权管理	能够合理规划产权交易事项，加强产权的实时监控
资产分类优化	能够制定资产分类策略，实时跟踪资产运营状态

续表

项目	内　容
资产运维	能够动态跟踪资产的运行状况，实时做出相应的调整
资产减值	能够定期测试资产状况和减值迹象，并做出相应的处理
资产退出	能够按规定程序实现固定资产报废、处置

2. 智能提升

资产管理通过自动识别、无线传感、数据处理技术，实现数据信息与对应实体的互联互通，将互联方式由"数联"转变为"物联"，一方面，利用智能芯片管理物资，通过智能芯片自动识别、采集、录入物资数据信息，保障物资数据准确性，并与财务信息系统互联，实现物资成本自动实时归集，为成本智能核算和精益分析提供技术支撑及数据基础；另一方面，通过固定资产电子标签自动上报资产位置信息，支持资产位移信息、资产闲置信息等信息的及时更新、共享，定期更新固定资产的使用负荷（或闲置）情况，提高固定资产盘点速度。

7.1.5　成本管理

1. 整体框架

成本管理的整体框架如表 7-5 所示。

表 7-5　成本管理的整体框架

项目	内　容
标准成本体系	能够根据实际业务有效应用作业成本法、标准成本法、量本利分析、价值工程等方法
成本核算	能够根据成本构成进行成本、费用归集和分摊，准确核算成本
成本控制	能够对成本的料工费进行定额控制
成本分析	能够实施对标管理，定期开展多维度成本分析

2. 智能提升

成本管理通过物联网应用帮助企业对生产设备的相关数据进行智能采集并进行数据的积累，通过优化的算法和智能计算帮助企业站在新的角度和高度来管控成本费用。

7.2　全电发票管理

全电发票是指全面数字化的电子发票，是与纸质发票具有同等法律效力的全新发票，不以纸质形式存在，不用介质支撑，不需要申请领用，无须发票验旧及申请增版增量，真正实现票面信息全面数字化。全电发票不是传统电子发票的简称，它不需要介质支撑，不需要依托税控设备开票，也不用向税务局申请领用，同时取消了特定版式要求。这样一来，纳税人开票更方便，交付更高效，用票成本更低，"去版式"还能满足更多个性化的业务需求。简单来说，全电发票管理能够全面推进税收征管数字化升级和智能化改造的时代进程，是从节点电子化到全局数字化的重大升级。

7.2.1　全电发票的发展历程

发票是指在购销商品、提供或者接受服务，以及从事其他经营活动的过程中，开具、收取的收付款凭证。电子发票是指单位和个人在购销商品、提供或者接受服务，以及从事其他经营活动的过程中，按照税务机关要求的格式，使用税务机关确定的开票渠道开具的电子收付款凭证。电子发票标准由国家税务总局制定，采用电子印章代替发票监制章，电子发票的

法律效力、基本用途、基本使用规定等与纸质发票相同。从全国开始推行
PDF 格式的电子普票至今，已经近 7 年的时间，电子普票已经在餐饮、交
通、电商等多个行业中被普遍使用。2020 年，宁波开出第一张电子专票。
2021 年 1 月，全国 25 个省发放税务 UKEY，可以开具电子专用发票，至
今，已经累计发行 300 多万个税务 UKEY，已经有超过 200 万个企业在使
用税务 UKEY 开具 PDF 格式的电子专票，并且这个数量还在进一步扩大。
2021 年 12 月，在三个省试点全面数字化的电子发票 (以下简称全电发票)，
采用"试点区域内小循环—试点区域内中循环—全国范围内大循环"的推
广策略稳步扩大全电发票的使用范围。全电发票以电子发票服务平台为依
托，以标签化、要素化、授信制、赋码制为特征，实现发票全领域、全环节、
全要素数字化。全电发票创新发票版式版面，实现可视化、便利化、去插
件化。全面数字化的电子发票依托可信身份体系和电子发票服务平台，以
去介质、去版式、标签化、要素化、授信制、赋码制为基本特征，覆盖全
领域、全环节、全要素的全新发票，与纸质发票具有同等法律效力。全电
发票的去税控专用介质的特点可以发挥税务机关与企业集团信息化协同办
税的优势，进一步减轻纳税人办税负担，通过企业集团的"税企直连"平
台，建立企业集团内部业务 / 财务信息系统 (包括 ERP 系统、财务软件等)
与发票云系统之间的安全对接通道，实现企业集团业务 / 财务系统对发票
功能的集成。因此，当前企业建设发票管理平台，必须充分考虑并且兼顾
对纸质发票、纸电发票、全电发票的受票处理及开具的能力。

7.2.2　全电发票的优点

全电发票具有以下优点。

(1) 发票信息全面数字化，实现发票全领域、全环节、全要素电子化。

(2) 发票版式全面简化，重新设计了票面要素，简化购买方、销售方信息，仅须填写纳税人识别号和纳税人名称；联次全面简化，全票无联次；彻底取消了收款人和复核人栏，会计无须纠结。

(3) 开票流程全面简化，开票零前置，无须税控设备即可开票，无须票种、票量核定即可开票，一个企业确定开票总额度即可开票，且开票额度可动态调整。有网络就可以开票，登录网页、客户端或者使用手机 App 即可开票。

(4) 电子发票重复入账报销问题彻底解决，纳税人可通过电子发票服务平台标记发票入账标识，避免重复入账。实现发票自动交付，纳税人可以通过电子发票服务平台税务数字账户自动交付全电发票，也可通过电子邮件、二维码等方式自行交付全电发票。

(5) 红字发票处理流程简化，发票未入账时可直接全额红冲，发票入账后销售方和购买方均可提出红字申请。

7.2.3　全电发票和电子发票的区别

1. 管理方式不同

对于全电发票，纳税人无须使用税控专用设备，无须办理发票票种核定，无须领用，系统自动赋予开具额度，并根据纳税人行为动态调整开具金额总额度，实现开始经营即可开票。对于电子发票，纳税人开始经营后需要先申领税控专用设备并进行票种核定，发票数量和票面限额管理同纸质发票一样，纳税人需要申请才能对发票增版增量，是纸质发票管理模式下的电子化。

2. 发票交付手段不同

全电发票开具后，发票数据文件自动发送至开票方和受票方的税务数字账户。同时，依托电子发票服务平台税务数字账户，纳税人可对各类发票数据进行自动归集，发票数据使用更高效、更便捷。而电子发票开具后，需要以发票文件的形式进行交付，即开票方将发票文件通过邮件、短信等方式交付给受票方，受票方需要自行下载并对发票文件进行归集、整理、入账等操作。

3. 发票样式不同

(1) 全电发票将原有发票代码 + 发票号码变为 20 位发票号码，取消了校验码、收款人、复核人、销售方 (章)，取消了发票密码区。全电发票的样式如图 7-1 所示。

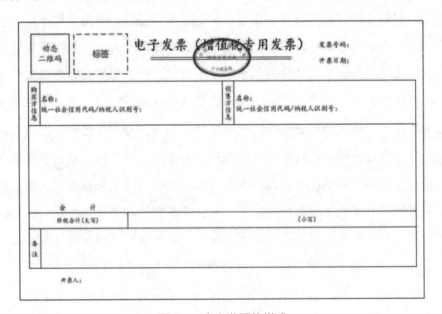

图 7-1　全电发票的样式

(2) 企业的特定业务会影响全电发票展示内容，不同的特定业务展示的发票票面内容不同。

(3) 全电发票将原备注栏中手工填列、无法采集的内容，设置为可采集、可使用的固定数据项，并展示于票面上。

7.2.4　全电发票时代的挑战及应对措施

1. 挑战

虽然全电发票可以强化企业的发票电子化管理，降低企业发票开具成本，具有绿色环保及节能减排的优势，但是随着全电发票在企业中的应用范围越来越广，企业慢慢开始发现全电发票在实际使用和报销过程中存在真实性和唯一性的问题。对于纸质发票来讲，税务机关会参与及管理发票从印制、领购、开具、保管到缴销的整个过程，再加上使用纸质发票需要企业采用特殊的纸张及特制的打印设备，企业的财务人员可以基于工作经验对收到的纸质发票进行真假辨别。但全电发票开具时一般会和全电发票直接获取人的账号绑定，因为会涉及个人的隐私，财务人员通常无权进行访问下载并查阅发票具体信息。全电发票需要自行打印导致企业员工使用各类纸张或者各种打印方式，所以，如果有人存在不良的心思，通过图像处理软件对全电发票的公司抬头或者交易金额进行修改，比如，报销人只对单位名称进行修改，其他信息不做变动，并且将这张修改的发票混杂在其他真实报销单据中，则企业财务人员无法直接识别发票真伪，于是企业财务人员需要核查每一张全电发票，来保证发票的真实性。当然，直接修改发票这种操作其实很不明智，企业财务人员一旦去系统里通过发票编码去验证的话，马上会发现问题。只是在实际工作中，一般验证一张全电发票需要花费 5 分钟时间，如果对每张全电发票都进行验证的话，企业财务人员也就没有时间做其他的工作了。另外，全电发票也存在数据安全隐患，因为全电发票是基于网络进行发票的开具、流转，所以全电发票的数据库里肯定储存了很多商业信息，如果有黑客攻击了全电发票的数据库系统，那么很有可能会造成企业的经济损失以及导致企业的商业机密泄露。

2.应对措施

在报销制度上,因为开票企业的所有开票信息会定期上报电子税务局,并能实现同一窗式对比,因此,开票企业可以借助微信平台,将开票信息添加到卡包中,并传递给用户(开票者)。企业专门增加了关于全电发票的报销要求,不允许员工以现金支付的方式进行全电发票的业务报销,如果通过支付宝、微信等支付方式进行报销,需要在报销系统里提交相关的交易记录以及部门负责人证明等相关凭据;如果通过网上银行进行报销,则需要提交签字清晰的纸质版或者电子文档的刷卡凭条,不能提供刷卡凭条的支出,企业将不予以报销。

在系统使用方面,应使用全电发票的在线报销模式,在计算机或者手机上采用移动终端第三方软件,将全电发票系统和现在市场上常用的支付方式,如微信、支付宝、网上银行等进行三方连接,员工在日常经营活动中产生费用时,开票端在生成全电发票的同时也会相应生成包括交易详情等信息的支付记录,可以由企业员工选择传递到在线报销系统的数据库。进入报销流程以后,由财务人员对发票信息、企业员工填写的费用开支情况,以及在线报销数据库处理后自动提取的全电发票信息进行审核,由在线报销系统对全电发票的信息进行自动采集与分辨。

全电发票不仅能够实现资源节约,节约企业的相关成本,还能利用计算机相关技术减少财务人员日常工作量,提高企业的工作效率。

7.3 司库管理

随着企业经营成熟度的不断提升,管理者愈加认识到资金管理在企业管理中的核心作用。司库作为资金管理的有效模式和实现企业战略目标的重要手段之一，对企业以资金为主要元素的金融资源在筹集、配置、运营、分配过程中进行动态管理，从现金管理发展到流动性管理、风险决策、金融融通、产业生态等诸多领域，发挥着越来越重要的积极作用。区别于传统的现金管理方法，企业司库管理是站在企业集团对于资金集中管控的需求视角，从战略的高度将资金视为企业资源进行合理配置，以实现企业在变化的金融环境下对金融资产风险的有效管控。

7.3.1　企业司库的发展历程

西方国家司库管理的起源可追溯到第二次世界大战之后，成型于20世纪70年代，成熟于20世纪90年代。20世纪60年代，西方国家的一些企业集团加强了现金管理，有的企业集团在财务部门内设立专司现金管理的的部门。20世纪70年代开始，西方国家对金融市场的监管开始放宽，企业集团的现金管理职能从简单的核算拓展到现金收支、账户头寸集中、银行关系维护等职能。20世纪80年代，现金管理职能接近财务资金管理和流动性管理职能，使财务部门成为企业的综合管理部门。为此，一些企业集团将专司现金管理的部门从财务部门分离出来，成为与财务部门并重的司库，成为为企业战略管理服务的职能部门。20世纪90年代以来，经济全球化加速，许多跨国公司加快全球化战略布局，司库职能不断丰富。与此同时，互联网、无线通信等信息通信技术的发展和金融体系的不断完善，为司库的发展提供了更广阔的空间，司库对跨国公司全球化战略和价值最大化等目标的实现起到了重要作用。英国石油公司、美国壳牌石油公司、戴尔集团、西门子等都建立了全球化的集团司库体系。

2009年，国内企业开始研究、借鉴和引入司库管理。近年来，随着技术与管理的创新、融合、发展，国内越来越多的企业开始关注企业司库管理，并尝试实践应用，但大多数还是停留在传统的财务公司或者财务结算中心的资金集中化管理模式，司库职能更偏向于现金管理。同时，当前国内企业司库人员大多来自会计部门，知识与技能背景大多局限于传统会计和财务管理方面，缺少战略管理、风险管理、融资管理、外汇管理、信息化管理等方面的专业知识与经验的集成。我国的司库建设与管理尚处于起步阶段。

7.3.2 智能司库的核心内容

司库是国际领先企业普遍采用的先进资金管理模式，与传统的资金收支管理模式相比，司库基于集中统一的基本原则，对企业集团拥有的金融资源进行统筹管理，核心内容是经营性资金管理、投融资管理、决策支持及风险管理，如图 7-2 所示。

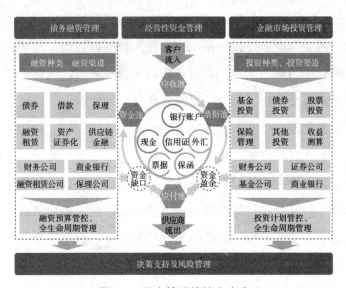

图 7-2 司库管理的核心内容

1. 经营性资金管理

经营性资金管理贯穿生产经营活动的各个环节，涵盖银行存款、现金、信用证、保函、票据等多种营运资金的流入及流出管理。司库管理模式下，经营性资金管理的重点体现在以下几方面。

(1) 提升资金集中度，平衡存贷比例，缓解存贷双高问题。建立集中、统一的资金运营和管理业务体系，搭建企业资金池，实现对账户和资金存量、流量、流向的实时监控及资金的集中管理，提高资金集中度。通过对各单位的存贷情况进行全方位、多层次的分析，实现集团内资金的灵活调配，提高资金使用效率，缓解存贷双高问题。

(2) 加强资金收支管控，开展项目现金流管理。强化经营性资金收支管控，将资金管控延伸到业务前端，实现细化至项目级的资金收支全过程闭环管理。通过建立严格的资金计划和现金流预测体系，实时掌握整体资金头寸，合理把控项目资金收付节点，实现项目现金流全价值链的跟踪管控与分析。

(3) 强化"两金"(应收账款、存货)的动态监控及内部清欠管理。建立实时的"两金"动态监控体系，强化源头控制、过程监控和事后分析，实现对"两金"的动态管控。完善清收清欠管理体系，强化对债权债务的统计查询及多维度分析，及时开展内部债务清欠管理。

2. 投融资管理

投融资管理包括债务融资管理和金融市场投资管理两部分。债务融资旨在弥补经营性资金的缺口，通过债券、借款、保理、融资租赁等从内部金融企业及外部商业银行等融资渠道取得资金；金融市场投资旨在合理运用经营性资金的盈余，通过基金投资、债券投资、股票投资等投放资金并获取投资收益。司库管理模式下，投融资管理的重点体现在以下几方面。

(1) 实现集团投融资统筹管理，优化资本结构。基于经营性资金集中统一管理，搭建集团投融资业务管理体系，实现集团投融资业务的合理统筹，优化资金使用和投融资计划，有针对性地制订不同类型的融资方案，包括内部融资和外部融资、直接融资和间接融资等，逐步降低资产负债率。同时，合理开展投资业务，实现资本结构的优化调整，强化投资收益分析。

(2) 拓宽融资渠道，产融结合，提高资金周转。充分利用内部金融企业在产融结合中发挥的作用，拓宽融资渠道，丰富融资类型，积极扩展资产证券化、保理等创新型融资业务，促进盘活资产，提高资产运行效率，实现资金的高效周转，切实降低融资成本和资金占用规模。

(3) 强化有息负债的动态监控和分析。建立并完善有息负债监控及分析机制，实现对企业各单位有息负债的动态监控，全方位、多视角分析有息负债分布情况，识别有息负债偏高的原因，并采取科学的管理手段及时调整资本结构，推动降低有息负债占比。

3. 决策支持及风险管理

与传统资金管理相比，司库管理不仅注重经营性资金管理和投融资管理，更注重各类金融资源管理和风险管理，需要搭建更科学的、更体系化的风险管理体系，实现风险事项的实时监控，提高资金业务对于管理决策的支撑力度，有效防范经营风险。司库管理模式下，决策支持及风险管理的重点体现在以下几方面。

(1) 整合并利用各类金融资源，实现金融业务集中统筹。依托各个金融子企业提供多种金融产品及服务，充分挖掘企业各个业务板块涉及的各类数据资产，实现生产经营及金融业务管理的一体化，加强企业内金融资源的整合，强化各类金融业务的集中统筹管理。

(2) 强化业务穿透及预警，实现对资金风险的全面管控。建立科学、体系化的资金风险管理模式，实现风险事项的实时监控。通过预算控制、交易控制、业务数据穿透、指标预警等手段，加强资金业务的事前核准、事中控制和事后预警分析，实现资金风险的及时识别和全面管控。

(3) 搭建司库管理指标体系，挖掘数据价值，开展司库大数据分析。通过对各类资金业务的集中管理及日常监控，建立司库管理指标数据库，对司库运营状况进行多维度分析，包括关键资金管控指标分析、资金风险分析、资金流动性分析等，从而深入挖掘数据价值，为管理层提供直观、可靠的信息，满足各层级管理部门对集团整体的资金监管和分析考核要求，全方位指导业务开展，辅助管理决策。

7.3.3　智能司库管理平台

司库管理平台以全面提升司库网络安全保障能力为目标，以优化司库资源配置体系、数智化体系为重点，统筹存量和增量，加强互联互通，利用银企联云、集成账户管理、智能调度、分布式资金管理技术等，引入先进理念，聚焦管理要素，构建智能司库管理平台，如图 7-3 所示。

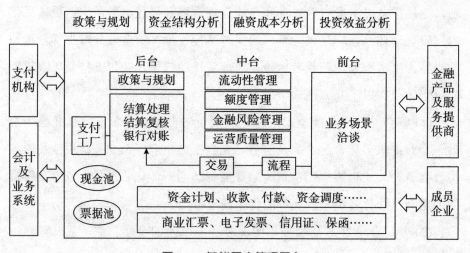

图 7-3　智能司库管理平台

1. 前台定位资金融通

前台的主要内容为资金统筹、内部融通、银企合作、多元化融资。通过引入银行信贷管理机制，健全信贷风险制度，严格资金强制回收措施，为成员单位提供多样化融资产品及全生命周期管理方案。通过智能预警融资付款信息和授信额度占用提醒帮助企业保持良好信用评级及授信增长。通过预制规则优化审批，智能批量、自动核对各个业务，采用集约技术进行商业票据流动性管理及价值分析，定期将低收益账户资金上收到高收益账户来提高资金收益率。智能预测资金时点盈余，匹配理财方案及收益获利测算。

2. 中台定位资金均衡、监管与效益

中台的主要内容为资金规模效益、跨境调拨、全球投融资、风险控制、收益与风险平衡、综合效益等。数据中台将业务单据通过通用接口对接金融机构及上下游供应商系统，流程自动化机器人全程高效匹配相应交易规则和处理流程，系统引擎自动完成相关业务处理和业务导引。通过地图集成技术，动态展现企业及成员单位分区域、分板块各业务单元资金时点分布情况，结合企业需求，定义不同的管理维度，对未来现金流状况做出预估、判断和评测。

3. 后台定位为资金安全

后台的主要内容为账户管理、现金管理、结算与对账、资金监控。通过对金融机构及企业支付系统深度整合，实现全面现金预算管理，通过全景视图智能匹配投融资计划，降低备付，保证资金链良性运转。在资金池的基础上，应用大数据分析技术，通过场景模拟来定义资金分类预测模型，对不同场景假设进行未来资金状况动态测算。通过海量数据比对资金预算、中长期规划与现金存量、融资存量、经营业务存量，实现对成员单位资金的统一管理。

7.3.4　智能时代司库建设

1. 司库组织设置

大多数集团已初步形成覆盖财务公司、基金公司、融资租赁公司业务的金融板块，内部各实体单位也成立了多级资金管理中心，履行相关资金管理和资金服务职能。上下协同、管控清晰、授权适度的资金管理体系是实现统筹管理和金融资源优化配置的基石。司库管理组织体系一般包括资金管理中心、结算中心和企业内金融企业，各组成部分的构成及职能范围如下。

(1) 资金管理中心。行使资金管理职能，并为其直属的下属单位提供资金服务。

(2) 结算中心。为企业各级资金中心开立相关账户，受理各级资金中心及下属成员单位的资金集中管理业务、结算业务、融资业务等。

(3) 企业内金融企业。企业内金融企业包括财务公司、基金公司及融资租赁公司，为企业内各成员单位提供多种产业金融服务，落实产融结合。

2. 司库业务管理难点

对于大型企业集团来说，集团内各单位资金集中、结算集中及授信集中的管理级次、账户及收支的管控方式等均存在差异，难以在集团层面进行资金的集中统筹管理，为资金监管带来较大困难。另外，大多数单位依靠线下台账的方式进行管理，难以实时掌握授信及融资情况，无法对资金风险进行统筹管控。与核心业务系统、财务公司结算系统的集成度不足，金融业务未形成统一的管理入口，业务流程未实现贯通，难以支撑资金的全流程闭环管理。

3. 司库信息系统建设

(1) 开展标准化业务。实现各单位资金结算、资金集中、融资管理、投资管理等资金日常管理过程的标准化，推进资金业务流程的统一，在追求一致性的同时支持各单位根据自身管理模式的需要进行多样化的灵活配置。在业务标准化的基础上推动功能全面上线,提高原始数据采集的完整性和及时性。

(2) 推进业财融合,实现资金的全流程闭环管理。与财务核心业务系统全面集成,实现从资金计划、业务报账、资金结算到资金分析的全流程闭环管理,推动资金流、业务流和信息流的相互融合。

(3) 强化资金预测和现金流管理。搭建各类资金流量预测和分析模型,为管理层提供全业务、多维度的决策支撑数据,辅助管理层有效地开展资金平衡和资金筹措工作,增强决策的科学性及有效性。

(4) 推进产融结合,探索创新型融资方式。提供创新型融资业务申请及审批的统一入口,通过打通与各模块之间的数据链条,真实、准确地获取前端结算及合同数据等信息,深入挖掘创新型融资方式,推动产融结合。

(5) 强化数据分析功能,提高决策支持能力。搭建资金分析及风险监控平台,支持风险监控体系及风险管理事项的个性化自定义配置,充分利用系统中的海量资金数据,支持对全集团资金存量、流量的实时监控,以及对有息负债等关键指标的多维分析和穿透,充分为管理层决策赋能。

本章小结

智能专业财务包括财务报告、司库/资金管理、税务管理、资产管理和成本管理。随着经济的发展,全电发票的出现对专业财务产生了重大的影响,同时,资金管理也要转向智能司库管理。所以,企业要适时做好应对,才能走在时代的前沿。

第 **8** 章　智能业务财务

智能业务财务是企业经营管理的重要部分，其分布在各个子公司、海外公司及机构中，通过深度参与价值链的各个环节，提供业务单元的计划、业绩管理、分析等内容的全价值链财务管理，帮助企业实现价值最大化。

8.1　智能业务财务框架

8.1.1　工程财务管理

1. 整体框架

工程财务管理的整体框架如表 8-1 所示。

表 8-1　工程财务管理的整体框架

项目	内　　容
立项评估	能够进行工程成本预测，确定目标成本，编制成本计划，制订或修订消耗定额及费用开支标准
工程成本核算	能够强化工程成本核算，对工程项目全过程实行持续成本管理和监督、预警，强化工程成本动态控制
执行情况汇总	能够对工程项目投资及概算执行情况，以及工程项目投产后效益、批准概算与实际完成情况的管控等进行汇总
投后评价	能够考核投资项目的业务执行情况，包括经济效益、完工进度、执行质量等

2. 智能提升

工程财务管理需要针对不同的项目建立不同类型的工程管理系统，并将财务管理的要求进行内嵌，实现业务和财务的自动集成。当然，工程管理不是高度依赖智能技术。

8.1.2　供应链财务管理

1.整体框架

供应链财务管理的整体框架如表 8-2 所示。

表 8-2　供应链财务管理的整体框架

项目	内　容
采购财务管理	能够设置供应商准入管理制度,对采购过程中的财务关键风险点进行监控,提高采购业务的运营效率,能够对采购业务提供财务支撑和决策支持
生产财务管理	能够建立完善的生产成本管理体系,实现生产成本计划、核算、控制和分析的闭环管理,推动生产优化和效率提升
库存财务管理	能够帮助业务部门优化库存管理,参与模型设计,从财务角度提出物流成本优化的建议
营销财务管理	能够从财务角度收集渠道的收入和成本,并从渠道的角度进行分析,帮助业务部门优化渠道管理,提升营销业绩

2.智能提升

企业应用物联网技术可以实现对原材料、半成品和成品的状态识别与跟踪。通过实现对各个节点上产品的智能化管理,使得供应链的集成化管理得以实现,企业能对产品的流动状态进行实时监控,及时得到客户需求变化信息,实现供应链的实时可视化管理,同步产品信息,以最低成本快速、及时地满足客户的需求,进而推动业财供应链的全流程融合。

8.1.3　海外财务管理

1.整体框架

海外财务管理的整体框架如表 8-3 所示。

表 8-3 海外财务管理的整体框架

项目	内 容
海外财税政策	能够针对不同国家和地区建立相应的财税政策,满足当地的监管要求,通过不断积累形成全球范围内的财税政策标准
海外财务管理	能够建立符合海外业务要求的财务模板,帮助海外业务扩展,实现组织、流程、系统、制度、运营的可复制并基于海外共享平台对海外业务提供有效支持

2. 智能提升

海外财务管理是从国内向海外的延伸,智能技术的提升和应用与国内基本相同,但是要统筹好海外财务与国内财务在时区、语言、文化、政治、经济、会计政策、信息系统、业务流程等方面的差异。根据不同国家或者地区的情况,设置不同的应用方案。

8.1.4 业财一体化

1. 整体框架

业财一体化的整体框架如表 8-4 所示。

表 8-4 业财一体化的整体框架

项目	内 容
业财一体化流程	能够建立业财融合的一体化运行流程,实现业务到财务的贯穿,保障流程的一致性
业财一体化信息系统	能够建立业财一体化信息系统并完成业财系统的集成,实现业务流、信息流、资金流的一体化运行

2. 智能提升

业财一体化要保持业财一致性。然而,企业在多元化发展的情况下常常需要使用不同的业务系统,业务系统与财务系统的集成就变得富有挑战性。传统财务管理模式下,通过系统集成的方法来实现两者的衔接。智能财务管理模式下，通过建立统一的会计引擎，实现财务核算与业务系统的一对多衔接，可以提升业财一致性水平。

8.2　海外财务管理

改革开放以来，我国国民经济总体一直处于快速上升的态势。特别是近年来，我国经济在世界经济中的地位愈发令人瞩目，在世界经济舞台上扮演着越来越重要的角色。全球金融危机之后，国家积极实施了一揽子经济刺激计划，加大了基础设施投资力度，实施若干重大区域经济发展规划。尤其是近年来国家推行"走出去"的发展战略，鼓励中国企业与世界级企业同台竞争，发展壮大。在这种历史性的发展机遇面前，中国企业加快了在海外的投资步伐，开始了经济和经营全球化发展。

8.2.1　海外财务管理概述

海外财务管理是指在整个跨国企业集团的控制下，以集团的海外机构企业为主体，对其资金和资本的筹集、运营活动，以及收入分配所进行的预测、计划、决策、控制、分析和考核等一系列活动的总称。海外财务管理的主要内容包括海外经营筹资、投资、营运、结算、风险和纳税管理等方面。海外财务管理的基本职能是资金的筹集和运用。资金筹集是财务管理的主要职能之一。海外企业由于在母国和海外国家生产经营，有着广泛的国际关系和多种融资机会，不仅可以在本国筹集资金，也可以从国际金融市场上筹措资金。正确选择资金筹集方式，以较低的资金成本和风险保证对资金的需要，这是海外财务管理的重要职责。在海外直接投资是海外公司运用资金的主要方式，即在国外投资开办实体，合理评估投资的价值，选择科学的投资方式和投资时机。另外，企业在海外财务管理中，还要做好转移价格、结算和纳税方面的管理工作。进行海外经济活动时，要充分了解海外公司结算的特征，做好不同币种的兑换工作，加强结算管理。同时，为了实现集团整体利润的最大化，除了降低生产成本，还要努力做好海外税收筹划，谋求税负的最小化。此外，海外财务管理中的风险管理也极为重要。

8.2.2　海外财务管理的特点

1. 海外公司财务管理环境

海外公司财务管理环境相对较为复杂，一般来讲，跨国企业是由一国所在母公司和下属的海外分子公司组成的。由于地处不同的国家和地区，母公司与子公司的财务管理环境是大不相同的。

(1) 经济环境。每个国家的政治体制互不相同，经济发展水平有高有低，经济体制复杂多样。各个国家的政治、经济、法律、文化等因素相互作用形成了较为复杂的国际经济环境，而跨国企业的生产和经营活动遍及国内和海外，所处的经济环境自然是大不相同的。

(2) 金融环境。由于海外金融政策、汇率和利率，以及外汇管制程度都比国内复杂得多，海外企业所处的金融环境远比国内企业所处的金融环境复杂，资金筹集、投放、营运等不仅受一个国家金融政策的影响，而且还受国际多国金融环境的影响。

(3) 法律环境。企业海外经营一般不仅受集团母公司所在国法律制约，还会受国际法影响。

2. 财务管理目标全球战略性

现代企业追求的目标是财富和收益最大化。基于此目标，企业海外经营首先应该考虑集团的最大利益，甚至有时需要牺牲某一海外子公司的局部利益。比如建立全球资金结算中心，实行资金集中管理，有效地调动资金，降低资金的持有成本，提高资金的使用效益；实行转移价格策略，减少税收和外汇风险，增加整个集团的利润；内部结算时实行多边或双边净额结算法，减少资金的占用，提高资金使用效益。

3. 财务管理体制的双重性

由于海外企业既要反映多种财务关系，比如母公司与总公司的财务关系，集团内部子公司之间或子公司与总部之间的财务关系。不仅要适应当地的法律法规，还要适应总部的法规和要求，因此，海外企业要建立双重的财务管理体制。

4. 母公司所在国家与子公司所在国家之间财务管理体制的差异性

企业海外经营的财务管理体制的差异性主要体现在资金进入海外的财务管理制度与公司利润和资金汇出当地国家的财务管理制度的差别。母公司所在国会采取一定的管理制度来控制资金的流入和流出。

5. 财务管理风险的多样性

海外企业的经营环境的复杂性决定了其风险性与国内相比有很大差别。企业的海外经营一般会面临国际经济、政治的变化所带来的各种风险，如财务风险、利率变动风险、通货膨胀风险、汇率变动风险和经营风险等。这需要海外财务管理人员认真分析，采用科学、合理的方法来规避风险，减少损失，提高管理水平。

6. 资金筹集方式的多样性

与国内企业相比，海外企业既可从子公司所在国筹集资金，也可以从总部所在国筹集资金，还可以从国际资本或金融市场筹集资金。资金筹集的渠道与方法都有其独特性，如企业投资入股、企业内部调拨资金或企业提供贷款资金等。

8.2.3 海外财务管理体系及实施路径

1. 海外财务管理体系构建的基本原则

(1) 海外财务管理是跨国企业或者国际企业在多样化的商业文化环境下，以现代财务管理理论为基础，以通胀风险管理、利率和汇率风险管理、政治风险管理为重点，灵活运用多种金融工具，积极应对国际经营风险，为了实现企业价值最大化的目标，制定经营战略与财务策略，组织财务活动，处理财务关系的一项经济管理活动。因此，集团必须以跨国企业的思维和方法来实现其海外财务管理，而不是将海外财务作为单个的海外项目进行管理和控制。

(2) 海外财务管理要兼顾方法与工具的多样性。由于海外理财环境与国内理财环境的差异，海外的经营者和管理者每天要面对瞬息万变的外汇市场，面对汇率、利率的变动。因此，海外财务管理者要熟悉多种金融工具和衍生金融工具，规避外汇风险，或实现套期保值，或实现投机目的。海外财务管理者还要具备一定的分析方法，正确判断外汇走势、利率走势。此外，在海外财务管理的资金管理和财务控制方面，以及海外经营的业绩评价方面，海外财务管理者要能熟练运用多种方法与工具，充分考虑利率、汇率、海外税收、国家风险等对财务决策因素与决策效果的影响。因此，跨国企业集团必须熟悉国际财务管理的内容，能够进行国际财务管理方法与工具的创新。

(3) 海外财务管理战略要符合企业战略。制定海外财务管理战略时，需要从全球范围内整体考虑企业战略的实现方式，系统考虑境内与境外业务在实现战略与配置资源方面的整体效应。因此，企业的海外财务管理战略应考虑境内与境外业务的整体性，必须把企业海内外的整体业务作为研究对象，从而充分发挥境内与境外业务的互补效应、协调效应与相机决策效应，不能只考虑和关注境外业务。此外，企业的海外财务管理必须强调海外业绩评价，完善海外财务管理制度，加强全球运营控制，以保证财务系统的资源控制能力与调动能力的协调性，有效保障集团整体战略目标的实现。

2. 海外财务管理体系构建的主要内容

在国际经济环境、法律环境、政治环境和社会环境的影响下，海外财务管理可以分为资金管理和财务控制两大部分，如图 8-1 所示。

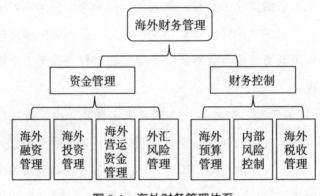

图 8-1　海外财务管理体系

1) 资金管理

资金管理包括海外融资管理、海外投资管理、海外营运资金管理和外汇风险管理。

(1) 海外融资管理主要是指跨国企业或者海外企业围绕其财务管理目标，跨越国界在全球范围内筹措其所需资金的财务管理活动。海外企业的资金来源广泛，融资方式灵活，其来源主要有公司内部的资金、母公司所在国的资金、子公司所在国的资金，以及国际上其他金融机构的资金；其融资方式主要包括国际股权集资、国际债券、国际银行信贷、国际租赁等。

因此，作为海外企业的财务管理人员，必须权衡融资成本和风险，对不同来源和不同融资方式的资金在利率、汇率、结算等方面的差异和风险进行全面分析，以实现对资金来源和融资方式科学、合理的组合与选择，从而以最有利的条件筹措资金，并实现最佳资本结构。

(2) 海外投资管理主要是指把筹集到的资金用于海外生产经营活动，主要可分为直接投资和间接投资。前者一般指投资者跨国界直接在海外创立、经营企业的投资行为，其特点是拥有海外企业的控制权，在很大程度上能够进行经营管理的决策。后者一般指集团母公司在国际资本或者金融市场上进行股权资本投资以达到收获收益的投资投机行为，其特点是不能参与被投资企业的经营决策。间接投资属于金融投资，主要形式有国际证券投资，如购买国外公司的股票、债券，以及中长期贷款或短期贷款。无论是海外直接投资还是间接投资，在投资前都要认真权衡投资的风险和收益，对各种投资项目所涉及的结算制度、税率、利率、汇率等的差异、风险和收益进行全面分析，对海外的投资项目进行市场、政策、技术、财务等各方面的可行性分析，并考虑所在国家的投资环境，在此基础上选择合适的投资项目和合理的投资方式。

(3) 海外营运资金管理主要是指合理安排海外营运资金。合理安排营运资金是海外企业避免外汇风险、实现收益的重要手段。营运资金的管理主要包括流量管理和存量管理两方面。前者着眼于如何将资金合理地从一地向另外一地转移，如何使资金得到合理的安置，确定最佳的安放地点和最佳的币种以避免风险及损失；后者着眼于资金的处置，目的是使现金和其他资产存在方式处于最佳状态。

(4) 外汇风险管理是海外财务管理的最基本内容之一，也是海外财务管理区别于国内财务管理的重要方面。海外财务管理的其他内容几乎都是在外汇风险管理的基础上进行的。因此，企业的海外财务管理人员必须熟知外汇风险管理的程序和基本方法，为企业增加收益，减少损失。

2) 财务控制

财务控制包括海外预算管理、内部风险控制和海外税收管理。

(1) 海外预算管理。企业建立健全内部约束机制和财务风险防范机制，规范海外子公司的企业财务管理，充分发挥预算的控制作用是非常必要的。对于大多数跨国企业和国际企业，财务预算制度是一项基本的财务管理制度。而海外市场环境瞬息多变、管理对象复杂，建立海外预算管理制度更是迫在眉睫。企业海外预算管理是在预测和计划的基础上，围绕集团的战略目标，对海外资金的募集和投放、各项收支、企业利润分配等经营活动进行预算和控制。同时，以完善海外子公司全面管理和全面控制为重点的海外预算管理制度，也是实现财务战略发展目标的保障。

(2) 内部风险控制。企业应建立健全财务规章制度、岗位责任制、银行存款和库存现金制度、目标成本管理办法、材料物资管理办法、绩效考核管理办法等一系列规章制度；规范境外财务制度和现金管理，加大境外资金监管力度；加强国内国外财务信息化建设，例如网上银行、银企合作系统，实现对海外企业资金和账务监控的及时性和有效性；根据驻外机构所在国实际情况，科学、合理地构建财务组织机构，配备能够胜任工作的专职财会人员，保证海外企业财务管理工作的顺利实施；建立海外财务负责人、会计人员委派制，实施对海外企业的监管和控制。

(3) 海外税收管理。随着企业海外子公司数量的逐步增加及规模的日益增大，海外税收管理逐渐成为贯穿财务管理全过程的要素和海外财务管理的一项重要内容。通过国际定价转移等方法，企业可根据海外国家之间的税收协定来避免出现双重征税的情况，利用有关国家为吸引外资而采取的优惠政策实现纳税减免，利用设立的海外"避税港"来减少企业所得税，利用内部转移价格把利润转移至低税国家和地区，使纳税总额最少，增加税后利润。

3. 海外财务管理实施路径

中国企业境外业务的发展可以分为走出去阶段、国际化阶段、跨国经营阶段，如图 8-2 所示。在不同阶段，企业对于境外子公司的财务管控重点有所不同。在走出去阶段，企业财务管控重点是业务风险规避及合规控制，从制度和流程角度建立企业财务管控规范；在国际化阶段，海外业务逐渐成熟，企业财务管控重点开始向财务管理、资金管理，以及初步的经营分析转移；进入跨国经营阶段，海外业务趋于成熟，集团公司可以通过分区域、分产品等体系化的盈利能力分析指导经营决策，形成协同化管理体系，并为达成企业战略发展目标提供支持。

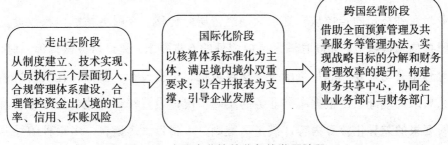

图 8-2　中国企业境外业务的发展阶段

(1) 走出去阶段。走出去阶段是企业出海的起步阶段，企业通常会通过对外贸易、海外投融资等方式，初步熟悉海外市场的运作模式及管理策略，此时海外经营的成本较高，规划财务管控策略、合理规避投融资风险非常重要。这时，企业需要从海外业务的合规性及资金出入境的风险管理两个方面入手，搭建海外业务财务管控体系。中国企业出海，首先面临的是外部政策风险，所以，最关键的是对合规的管控。企业应从制度建立、技术实现、人员执行三个层面切入，合规管理体系的建设：在制度层面，企业需要完善海外贸易和投融资管理办法，出具对外部风险的管理标准和应对方法，制定可执行的合规管理流程；在技术层面，引入先进的合规管理工具有助于企业将合规管理制度落地；在人员层面，企业应以合规执行为导向，实行有效的人才管理。同时，海外财务管理体系构建之初，需要具有丰富经验与战略视角的管理人员对财务管理体系进行规划和设计，针对合规部门、财务部门的人员设置及财务管理流程提出明确的规划和设计思路。海外经营涉及资金出入境时，企业同时还面临汇率风险、信用风险和坏账风险，因此应强化汇率风险防范意识，加强汇率管理意识，通过对金融工具的灵活使用形成应对汇率风险的策略。另外，在应对信用风险和坏账风险时，企业通过对交易机构的信用及担保情况变化等进行跟踪检查和监控分析，可以及时对相关业务的推进策略进行调整。

(2) 国际化阶段。在国际化阶段，企业的海外业务已趋于规范化，企业对海外公司的管控从合规层面向经营层面转移。在财务核算体系建设及财务信息披露上，须同时满足境内境外的双重要求。建设财务核算体系时，海外子公司需要在满足集团统一核算流程、权责设计、数据口径及科目体系要求的基础上，根据海外业务的实际情况，设置符合当地会计准则、监管要求的差异化核算内容，满足多准则、多科目、多语言、多币种的经营与信息披露要求。企业海外业务的拓展是为了企业整体战略的推进，占领海外市场，争取企业利润最大化。当海外业务具有一定规模时，企业对于海外业务的经营管理与财务重点指标会成为企业海外战略甚至企业总体战略的决策基础，这对海外业务的业财经营数据上报及披露提出了更高的要求。受海外业务拓展模式的影响，部分企业并没有财务合并报表并表的需求，但存在管理报表及核心经营数据的汇报等需求。究其原因，一方面是集团公司对海外业务有效监控的需要，另一方面是企业自身战略执行的需要，可以通过数据分析明确企业的发展方向是否存在偏差，推动企业及时调整发展方向。

(3) 跨国经营阶段。在跨国经营阶段，企业海外业务已进入成熟期，企业具备了国内外资源联动的能力，国内国外市场相辅相成、协同发展。针对海外业务的管控不再局限于重点财务指标及区域性经营分析，而是需要承接战略的资源配置功能，从财务最终结果入手，向企业前端价值链延伸。通过构建完整的业财决策分析体系，将经营分析细化至不同业务、产品、区域等颗粒度，管理层从战略视角进行战略执行分析；区域公司层从地域经营视角进行区域竞争力分析；基层单位从盈利能力视角进行绩效分析，从而推动企业战略落地，实现利益最大化。在这一阶段，企业可以借助全面预算管理及共享服务等管理方法，实现对战略目标的分解和财务管理效率的提升。通过全面预算管理，从预算目标分解、预算编制、预算监控、预算分析、预算调整及预算考核等方面，将战略目标分解至各子公司、各部门，实现经营绩效分析考核的闭环，保障业务的可持续发展。跨国企业构建财务共享中心可以借助其集约化提升运营效率、节约成本和提高数据准确性。通过流程管理、人才管理、信息系统管理共同构成企业共享中台，全面解决企业跨国经营时遇到的管理散、人员少、落地难的难题。在流程管理方面，共享中心能够为大型集团落实标准化的管理流程并对风险实施系统化管控。在人才管理方面，共享中心通过完善的机制及配套的绩效体系，在提升任务处理效率的同时，培养符合企业价值标准的人才。在信息管理方面，共享中心通过大数据、云计算、人工智能等多种技术及多种工具，实现海内外信息的集成化管理，为企业实现全球化高效运营提供有力的支撑。

8.3　智能会计引擎

近年来，不断向智能化方向演进的会计工作在计量和反映企业经营业绩的同时，也进一步深入企业业务活动的过程和前端，使长期以来备受关注的业财融合领域迎来新的发展契机。会计引擎作为连接业务端与财务端的重要桥梁，也将顺应智能时代的发展趋势，由分散模块发展为统一工具，并适应更加广泛、多元的业务场景，优化业务信息向财务信息的转换流程，最终实现业务发展与财务管理的协同配合。

8.3.1　会计引擎的定义

会计引擎是连接业务数据库与财务应用系统并最终输出会计信息的数据处理系统，它能够按照内嵌的核算规则将业务信息自动化、无差错和高效率地转换为包含复式会计分录的规范化记账凭证，实现交易明细和会计总账的互联，对于业务与财务的高度融合具有重要意义。

简单来说，会计引擎是介于业务系统和财务系统之间的数据转换器。业务系统位于前端，通过数据接口与会计引擎连接后向其提供生成记账凭证所需的业务数据，实现业务信息的输入；会计引擎位于中端，内置一定的转换规则，输入的业务数据经规则的指引自动生成预制记账凭证；财务系统位于后端，预制记账凭证审核无误进入该系统后成为正式记账凭证，完成财务信息的输出。会计引擎的基本原理如图 8-3 所示。

图 8-3 会计引擎的基本原理

虽然会计引擎的基本原理并不复杂，但目前会计引擎在企业财务领域的应用相对有限。一方面，当前能够实现统一平台化应用的会计引擎较少，会计引擎应用处于独立模块化阶段。部分企业针对差异化的特定场景，如专业化的财务系统和业务系统，分别搭建相应的会计引擎，这些分散的会计引擎模块虽然相对容易实现，但功能各异，成熟度不一，难以形成统一的系统。另一方面，会计引擎在不同行业中的应用场景千差万别。在大多数行业中，会计引擎主要被内置于企业的电子报账系统和资金管理系统，应用较为单一和分散。但在金融、零售等行业中，会计引擎同时覆盖了专业化的财务系统和业务系统，应用更为广泛。

8.3.2 智能会计引擎的优势

传统的会计引擎通常分散于企业内部不同的财务系统和业务系统中，在大多数行业中的应用范围较小。随着大数据、人工智能、云计算和区块链等技术的革新与实践，会计引擎也克服实际建设过程中存在的难点，逐步走向智能化，将业财融合推向新的高度，从而驱动企业完成数字化转型。基于智能技术的智能会计引擎具备诸多优势。

(1) 智能会计引擎具有充分的开放性。经智能化重塑的会计引擎将不再以分散的模块或子系统的形式存在于不同的系统中，而是将打破束缚，形成一个开放式统一平台，一端对接企业所有的业务系统以获取业务数据输入，另一端对接企业的财务系统以完成记账凭证的输出，使企业的业务端与财务端真正串联形成完整的链条。

(2) 智能会计引擎拥有足够的灵活性。传统的会计引擎是伴随会计核算的要求被逐步建立起来的，由于建立时间存在差异，往往难以遵循统一规范的技术标准。信息转换质量参差不齐，对其进行维护优化的复杂性和难度也不断提高，长此以往，这些会计引擎将会因为缺乏有效监控而给企业带来风险。以统一化独立平台形式存在的智能会计引擎将有效解决这一问题，不仅能够支撑存量业务系统与财务系统之间的对接，降低维护优化难度和潜在风险，而且能够迅速成为新生业务系统与财务系统之间的纽带，从而为企业内部信息系统服务。一方面，智能会计引擎将适应不同的业务场景并有针对性地定义转换规则，最终使所有需要生成记账凭证的业务场景系统化。大型集团往往因为在多个行业进行布局而涉足丰富的业务类型，依赖经验积累的业务场景梳理难以一次性达成清晰、全面的目标，如果有遗漏或新增业务场景的情况，智能会计引擎将凭借其灵活性快速配置相应的转换规则，随时与企业的业务状况保持一致，最大限度地满足企业业财融合的需求。另一方面，智能会计引擎将根据不同企业的要求订制个性化的转换规则，既能基于明细业务数据生成全面、精确的记账凭证，又能容纳恰当的合并规则，将明细业务数据进行合并后生成精炼、概括的记账凭证，企业可以在这两种模式下进行自由切换。

(3) 智能会计引擎具备高度的可追溯性。业财核对、稽核审计要求能够根据会计引擎最终生成的记账凭证追根溯源直至原始的业务信息，而智能会计引擎在初始的设计过程中将基于这一要求预留对业务信息源头进行追溯的机制及线索，因此，即使是遵循复杂合并规则生成的记账凭证，其向前追溯的操作也将不再是难题。

8.3.3　智能财务会计引擎与应用

财务会计是会计的主要分支之一，对财务会计引擎的智能化升级主要围绕记账凭证的生成展开。应用机器学习技术之后，财务会计引擎将在大量标签化数据的训练下持续提升性能，首先对业务信息进行高效率的准确识别，接下来基于改进后的转换规则生成预制记账凭证并及时向财务系统传递，进入财务系统后，预制记账凭证将生成正式记账凭证并自动完成记账、过账。基于机器学习的智能财务会计引擎将在很大程度上解决重复性手工记账问题，给企业的会计核算工作带来质的飞跃，其作用主要体现在以下两个方面。

1. 高效识别并提取业务信息

智能财务会计引擎的前端与企业的业务系统相连，在应用图像识别与处理、文字识别与处理等技术的基础上，复杂的业务信息可以转换为结构化的业务数据。首先，企业可使用影像扫描技术实现纸质原始凭证的电子化或通过网络传输获取电子原始凭证，再借助图像识别与处理技术在业务系统内完成对原始凭证的真伪识别、票面核对和分类工作，继而将这些原始凭证所包含的各项信息转换为固定结构的文字与数据，避免出现遗漏和错误；然后，智能会计引擎从业务系统内自动提取生成记账凭证所需的信息，并在文字识别与处理技术的支持下将这些信息进一步转化。机器学习技术的功效在于利用大量原始凭证的图像和文字提升业务系统与智能财务会计引擎对业务信息的识别能力，使财务人员在记账时不用再基于经验人工选择会计科目，最大限度地实现自动化记账，提高记账的效率和准确性。

2. 改进现有记账凭证转换规则

快速、准确地对记账所需的业务信息进行识别和提取之后，智能财务会计引擎基于一定的规则将这些业务信息转换为具有固定格式的预制记账凭证。转换规则生成的前提是预制记账凭证的核心要素，即记账日期、应记入的会计科目和各科目相应的发生额。在传统的财务会计引擎中，这项工作的完成往往依赖财务人员的经验判断和手工操作，重复性高。应用算法的智能财务会计引擎能够事先经过大量标签化业务数据的训练并根据不同的业务类型和业务场景制定相应的转换规则，因此接收新的业务信息之后，可以通过转换规则迅速生成预制记账凭证。随着标签化业务数据量的增大，智能财务会计引擎内嵌的转换规则将处于持续不断的动态调整和优化完善过程中，由此增强企业会计核算工作与相关业务的同步性和协同性，为实现业财深度融合提供支撑。

8.3.4　智能管理会计引擎与应用

管理会计是会计的另一个重要分支，它着重于管理且面向未来，有助于企业在错综复杂的经营环境下生存与发展，因此日益受到管理者的关注和重视。机器学习对管理会计引擎的智能化升级的关键在于，不仅会使用结构化程度较高的财务数据，还会使用半结构化与非结构化特征突出的非财务数据，同时将数据来源由企业内部拓展至企业外部，进一步优化管理会计在经营预测、决策支持和风险管控三个维度的职能，使改进后的智能管理会计引擎真正成为行之有效的智能化管理工具。

1. 提高经营预测的准确性

经营预测是企业在结合历史和现有资料的基础上，按照其经营方针和目标对经营活动的未来发展趋势所进行的预计和推断，可分为销售预测、成本预测、利润预测和资金预测等。准确的经营预测是有效决策的关键和前提，要想提高经营预测的准确性，企业必须加强其掌握信息的广度和深度：从广度而言，用于经营预测的信息应包含宏观市场环境、中观行业环境和微观企业环境三个层面的内容，无论是对国家的各项政策、行业的发展方向、竞争对手的优劣势，还是供应商、客户以及自身的发展现状，企业都需要有充分的洞察力和判断力；从深度上说，企业获取的上述三个层面的信息都应该足够深入，在满足成本效益原则的前提下尽可能多地关注细节。企业内外部环境的瞬息万变导致绝对准确的经营预测无法实现，但在机器学习技术的助力之下，智能管理会计引擎获取的有效信息越多，信息的种类和内容越丰富，越能提高其最终生成的经营预测模型的相对准确性，越能在经营环境发生变化时输出相对可靠的经营预测结果，为企业进行决策活动提供有效的数据依据。

2. 强化决策支持功能

决策支持是管理会计最重要的职能之一，其通过决策支持系统来实现。决策支持系统为决策者提供了分析问题、提出方案并模拟方案实施的平台，可辅助决策者利用数据、知识和模型以推理或计算等方式解决定性或定量问题，在半结构化与非结构化决策过程中扮演了重要角色。随着数据处理技术的不断进步与革新，数据日益成为决策知识与决策模型的来源。因此，要提高决策的水平和质量，必须根据决策目标获取足够多的与决策相关的数据并对这些数据展开充分的整理和分析。应用了机器学习技术的智能管理会计引擎正是分析数据、支持决策的强大工具。结合监督学习与无监督学习两大类机器学习算法，智能管理会计引擎能够有针对性地解决不同类型的决策问题：采用监督学习算法处理大量标签化数据并生成常规化的决策模型与决策规则，将有效应对相对简单明确、可遵循固定规律的结构化决策问题，实现决策过程的自动化；而采用无监督学习算法处理大量非标签化数据，基于数据的内在关联而不是传统的财务思维得到某些特定的决策模型与决策规则，将为企业中高层管理者结合自身的经验判断和个人偏好进行决策提供有效辅助，使影响因素众多、决策过程复杂且无固定规律可循的半结构化与非结构化决策不再成为困扰企业决策的难题。

3. 完善风险管控能力

企业的生存与发展历程并非一帆风顺，各种潜在的风险事件一旦真正发生，可能会给企业带来不可估量的损失。为降低风险事件的发生概率或减少风险事件发生时导致的损失，采取恰当的方法和措施进行风险管控也是企业管理的重要内容。风险管控的具体流程大致包括风险识别、风险分析、风险管控方法选择和风险管控效果评价 4 个步骤，智能管理会计引擎在机器学习技术的助推下完成风险识别与分析的任务，有利于企业及时发现并妥善应对相关风险，提升风险管控效率，以保障各项生产经营及投融资活动的顺利开展。监督学习算法需要具有各项具体特征、相应风险类型和风险等级的大量风险事件数据来进行训练，使智能管理会计引擎充分把握不同类型、不同等级风险事件的特征，能够在某一新事件出现时自动判断该事件是否为风险事件。若为风险事件，智能管理会计引擎将及时向管理者发送风险预警信号，同时分析、确定该事件的风险类型及等级，辅助管理者制定与之相匹配的管控方法与业务流程，将企业的风险控制在合理范围之内。

综上所述，虽然基于机器学习的智能财务会计引擎能够取代记账流程中大部分重复性和机械程度较高的手工操作，但在复杂或不规范的业务场景中，仍然需要财务人员对其进行梳理，并依据会计准则在已有经验的基础上做出判断。同样，对于利用机器学习技术构建的智能管理会计引擎，虽然能全面提升管理会计的各项职能水平，但复杂程度较高的分析、预测及决策等活动，终究需要管理者凭借个人的经验并在综合考虑多方信息之后才能得以开展，智能管理会计引擎只是有效的辅助工具，短期内尚不可能完全代替人工操作。

本章小结

智能业务财务的框架包括工程财务管理、供应链财务管理、海外财务管理和业财一体化。在企业发展的过程中，不断地向海外扩展业务，需要有成熟的财务管理方法。同时，智能会计引擎和人工智能的应用也让业财融合上了一个新台阶，业务财务的功能被发挥得更为充分。

第 **9** 章　智能战略财务

智能战略财务参与企业战略的制定与推进，将业务财务和共享财务的信息转化为对企业经营决策有价值的经营分析，支撑战略决策的落地，并使战略财务意识渗透到基层的业务单元。

9.1 智能战略财务框架

9.1.1 财务战略

1. 整体框架

财务战略的整体框架如表 9-1 所示。

表 9-1 财务战略的整体框架

项目	内　　容
战略制定	能够理解企业的整体战略目标和所处的阶段，选择匹配的财务战略
业务配合	能够明确企业战略对财务资源的需求和管理要求，实现财务管理对企业战略的有效支持
财务资源配置	能够根据战略目标和经营计划，有效进行财务资源配置，比对资源的投入和产出效果进行管理与控制
业务沟通	能够从财务的视角看待资源配置运作效果，并对整体战略提出建议与意见，加强业财的协同能力

2. 智能提升

财务战略能够根据企业的战略进行分解和落实，通过应用大数据技术和相关算法对未来的生产经营做出财务预测，并根据预测的结果进行各项因素的敏感度分析。财务战略可以从财务的角度提出业务发展的相关建议和盈余管理要求，通过战略指标的可视化和可量化帮助企业统一各层次的业务发展目标，控制业务进度。

9.1.2　全面预算管理

1. 整体框架

全面预算管理的整体框架如表 9-2 所示。

表 9-2　全面预算管理的整体框架

项目	内　容
全面预算 目标确立	能够遵循企业战略规划目标，结合年度投资计划和年度经营计划，基于企业发展原则，分析价值动因，以业务特点为基础进行逐级分解，有效发挥全面预算的资源配置、优化作用
全面预算 编制	能够实现中长期预算编制、年度预算编制、月度预算编制及滚动预算编制
全面预算 控制和调整	能够实现现金流监控和授权监控，能够在预算执行结果产生重大偏差时对已制定的预算指标进行调整
全面预算 评价与考核	能够实现企业治理层面考评和内部经营管理层面考评

2. 智能提升

全面预算在业务预测上应用大数据技术和相关算法可以让业务人员更为清晰地了解未来资源投入后的实际情况，帮助财务做好资源的最佳配置。在预算编制环节，可以通过历史数据构建企业价值地图，建立预算编制模型，规范预算编制口径，使财务能够对资源配置投向进行有效的评价。在预算控制环节，可以通过规则引擎应用实现个性化的规则控制，避免传统财务管理模式下无法精细化控制的弊端，实现预算的柔性管理。

9.1.3　资本运作

1. 整体框架

资本运作的整体框架如表 9-3 所示。

表 9-3　资本运作的整体框架

项目	内　容
资本市场运营	能够立足多层次资本市场，形成定位清晰的上市平台布局，合理利用资本运营工具优化上市布局
资本融资	能够通过重组上市、增资扩股、股权转让等多种方式拓展权益资本引入渠道
资产重组	能够推动资产优化调整，提高资产证券化水平，优化资本结构
市值管理与规范运作	能够健全激励约束机制，规范企业治理和内部控制，加强企业监督管理
产融结合	能够推动主业的持续发展，以及实体经济与金融的深度融合

2. 智能提升

资本运作可以借助金融模型和大数据应用有效优化资本结构。另外，通过区块链应用，可以解决上下游的资本协同问题，提升企业的资本整体运作能力。

9.1.4　经营分析

1. 整体框架

经营分析的整体框架如表 9-4 所示。

表 9-4　经营分析的整体框架

项目	内　容
经营分析报告	能够提供对决策有用的经营分析报告，对经营重点提供专项分析和经营建议
KPI 体系	能够根据企业业务情况，设置清晰的关键指标体系，并提供可靠的日常管理和维护机制
绩效考核	能够构建绩效考核制度并与业务目标紧密联系，成为战略目标落地的重要工具之一
重大项目管理	能够对重大的财务投资项目进行全生命周期的专项管理，并对关键环节进行财务评价

2. 智能提升

经营分析的智能提升体现在大数据的应用上，并能逐步从因果分析向相关性分析提升。具体来说，在工具上，利用大数据和云计算技术可以使经营分析更加灵活，使内容更加丰富。在方法上，应用人工智能和专家系统使经营分析从经验分析向算法分析转变，打破传统经营分析的局限性。

9.1.5　财务合规风控

1. 整体框架

财务合规风控的整体框架如表 9-5 所示。

表 9-5　财务合规风控的整体框架

项目	内　　容
财务合规控制	能够建立长效风险防范机制，常态化开展内控评价与专项风险治理
重大财务风险控制	能够实现债务风险控制、金融风险控制和资金风险控制
重大经营风险预警	能够建立风险识别模型，对财务数据、业务数据、内部数据、外部数据、历史数据、微观数据、宏观数据等进行深入的挖掘与分析，及时感知、精准识别经营发展过程中的内外部风险和隐患
财经纪律监督	能够推动财经纪律的执行和依法合规经营

2. 智能提升

在智能时代，远程稽核成为财务合规风控的主流方式，通过对系统的穿透和数据联通能够实现风险点的控制与分析。另外，通过大数据监控能够及时发现风险，并由风险的事后管控向事前预防转变。

9.2 智能全面预算管理

全面预算管理是企业围绕预算展开的一系列管理活动和制度安排，涉及全方位、全过程、全员参与的综合性管理系统。在智能时代，把握新技术，提高企业运营效率，增强企业竞争力是智能全面预算管理的着力点。

9.2.1 智能全面预算管理的特征

智能全面预算管理具备自我完善、自动化、多视角分析、辅助决策的特征，如图 9-1 所示。

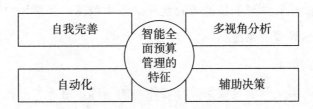

图 9-1 智能全面预算管理的特征

1. 智能全面预算管理具备自我完善的能力

智能全面预算管理体系整合各种管理控制方法，使企业的预测、业绩评价和激励机制更有效，可以有效避免传统预算不能对多变的市场及时做出反应、容易产生职能紊乱行为的弊端。

2. 智能全面预算管理具备自动化能力

对于大型企业集团，全面预算管理流程中每个环节的工作量都非常大，基于该特点，需要采用智能化和系统自动化技术帮助企业减少手工操作，提高效率。

3. 智能全面预算管理支持多视角经营分析

智能全面预算管理强化了业务财务一体化，既可以由财务结果追溯业务过程，又可以深入分析经营结果背后的原因。业务部门和财务部门相互协作，通过业务经营完善预算管理，通过预算管理以价值创造的理念引导业务部门，保证企业战略方针的贯彻执行和预定经营目标的如期实现。

4. 智能全面预算管理发挥辅助决策作用

为应对市场的快速变化，企业需要动态了解市场宏观政策的变化、供应链上下游情况和企业内部经营情况。智能全面预算管理可以通过数据模型和数据挖掘技术（例如决策树模型）计算结果从而辅助决策。

9.2.2　智能全面预算管理的核心内容

智能全面预算管理的核心内容包括财务大数据、预算绩效管理指标库和智能全面预算管理系统。

1. 财务大数据

财务大数据是智能全面预算管理体系的基础，财务大数据不仅包括资金流信息，还包括与经营有关的全部信息。只有掌握了与经营有关联的全部信息，才能够在绩效评价过程中自动获取被评价项目的全部信息，大幅提高绩效评价的工作效率，提高绩效评价结果的客观性、可用性和科学性。

2. 预算绩效管理指标库

智能全面预算指标是预算管理体系的关键要素，不同预算项目的关注点不同，评价的侧重点不同，因此需要设计能够反映被评价项目实际情况的绩效指标。除需要设计通用预算指标外，还需要设计能够反映不同预算项目的个性化指标，各类个性化指标再加上通用指标构成预算管理指标体系。

3. 智能全面预算管理系统

建立财务大数据和预算管理指标库后，需要建立智能全面预算管理系统，把预算项目等信息纳入系统。该系统能够基于各类预算项目的基础数据和指标自动计算项目的绩效信息，实现不同维度预算项目的综合对比与分析。

9.2.3　智能全面预算的构建过程

智能全面预算的构建过程包括构建智能全面预算指标体系、构建智能全面预算管理系统、构建智能全面预算管理系统优化机制 3 个步骤，如图 9-2 所示。

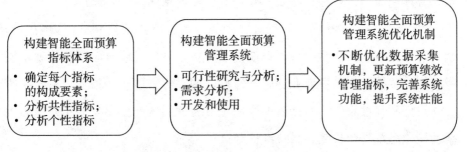

图 9-2　智能全面预算的构建过程

1. 构建智能全面预算指标体系

智能全面预算绩效管理指标库是智能全面预算管理体系的重要支撑，要确保预算绩效管理指标库的规范、客观、科学，应关注以下三方面内容。

(1) 确定每个指标的构成要素。预算绩效管理指标要从立项决策、过程管理、产出、效益、满意度 5 个环节入手进行编制。其中，立项决策、过程管理两个环节的评价指标属于共性指标。产出、效益、满意度三个环节是结合预算项目特点拓展的个性指标，其中，产出指标从数量、质量和时效方面考虑；效益指标从经济效益、社会效益、生态效益和可持续影响方面考虑；满意度指标从服务对象满意度方面考虑。

(2) 分析共性指标，包括项目立项的规范性、绩效目标的合理性、管理制度的健全性、项目质量的可控性、资金到位率、资金使用的合规性等。

(3) 分析、设计个性化指标，主要从产出和效益方面分析、设计每类预算项目的个性化指标。

2. 构建智能全面预算管理系统

(1) 可行性研究与分析。在充分分析智能全面预算管理的发展趋势和国内外智能全面预算管理信息化应用现状的基础上，对智能全面预算管理系统建设进行可行性研究与分析，包括经济可行性和技术可行性等。分析智能全面预算管理系统的建设意义、建设目标和建设步骤，基于智能全面预算管理系统的可行性、必要性等进行企业信息化发展规划。

(2) 需求分析。在完成智能全面预算管理可行性研究和系统规划的基础上，进行智能全面预算管理系统需求分析，分析智能全面预算管理系统所涉及的主要数据、主要业务管理流程，并进行智能全面预算管理系统的总体设计和详细设计，包括智能全面预算管理系统的主要功能和外围的数据衔接、系统安全机制、系统维护升级机制等。

(3) 开发和使用。在功能方面，充分利用大数据、人工智能等技术提高系统的智能化水平，通过智能推荐、辅助判断等功能增强系统的智能化程度。智能全面预算管理系统建设的目标是结合预算管理的业务需求，有效地应对当前预算管理中面临的各项挑战。因此，智能全面预算管理系统的分析、设计必须依据当前最前沿的预算管理理论，达到系统功能全面、操作规范简便的目的，科学、高效、规范地服务预算管理工作。

3. 构建智能全面预算管理系统优化机制

智能全面预算管理体系建成后，需要不断地维护和完善。在财务大数据采集方面，要根据业务的变化及各部门信息系统更新情况等不断优化数据采集机制。在预算绩效管理指标库方面，指标要根据业务发展不断更新，以满足不同阶段的管理需要。以信息技术为手段，以财务部门为核心，对指标的新增、调整、撤销等设定明确的条件和规则，保证预算绩效管理指标能根据业务的变化进行调整并满足业务需求。在智能预算管理系统维护方面，能够根据财务管理变革情况及信息技术发展状况不断完善系统功能，提升系统性能。

9.3　智能风控管理

随着信息技术的发展，传统的风控手段已经无法满足企业发展的需要。因此，在不断变化的商业环境中，企业需要利用智能技术建立以风险管理为导向，以增加价值为目标，以完善治理为目的的风控新模式，提升企业创新能力，保证企业在竞争激烈的市场环境中得到可持续发展。

9.3.1　传统风控系统

在传统的风控体系下，企业通过建立不相容岗位分离制度、严格的审批制度、健全的会计制度等控制措施来实现企业内部控制目标，虽然在一定程度上实现了控制目标，但仍存在较大的缺陷。一方面，传统内部风控体系使用通用的控制手段对企业的正常业务进行一般性的控制，而无法对特殊业务或蓄意钻流程空子的交易、行为进行有效控制；另一方面，传统企业内部风控体系中的大多数流程依靠人工审核和相互监督得以实现，导致涉及数据量大、计算复杂、人工审核成本高、错误概率大的业务，以及内部岗位之间串通舞弊和内外部串通等行为存在管理盲点。虽然许多企业建立了完善的风控体系，但仍会发生对企业造成致命影响的舞弊和内部控制案件。近年来，随着大数据、云计算和人工智能等技术的不断成熟，以及这些技术在企业内部控制中的深化应用，企业内部控制能力和风险管理水平得到了大幅提升。同时，智能技术与财务管理过程的有效融合使得企业可获取有价值的业务与财务关键信息，进而得到满足企业内部各领域经营管理和决策需求的多维度、多样化的管理会计信息，这些信息为提升企业内部控制的水平、提高企业风控能力打下了良好的基础。

9.3.2　智能风控系统

构建智能风控系统需要企业具备业务与交易数字化、计算与存储云化、管理与流程智能化的能力。

1. 业务与交易数字化

数字化是一切智能管理的前提和基础，当前社会的工作方式、生产方式、生活方式、社会治理等都逐渐数字化，企业内部管理涉及的生产流、业务流、交易流、物流、资金流、管理流等也不断数字化，由此产生的数据对企业管理能力提升起着至关重要的作用，智能风控系统就是利用企业业务、交易和资产管理过程中产生的数据进行风险管理与控制。

2. 计算与存储云化

企业的业务、交易和管理数字化后，要对由此产生的数据进行计算、存储、分析、建模和应用。业务、交易和管理过程中产生的数据量较大，数据逻辑关系复杂，必须对数据进行云化管理，才能充分发挥大数据的价值。业务、交易和管理过程中产生的数据来自不同的信息系统，数据可能存在孤立、片面和割裂的情况，云存储和云计算技术会采用规范、统一和相互校验的方式对各类数据进行集中化管理、运算和应用，在这个过程中要遵循口径统一、来源规范、数据可靠、交互开放等原则。一是要按照统一的规范对数据进行集中获取，将其集中存储到云平台；各类数据采集口径要统一，确保数据可靠、准确。二是同一类数据应采用同一来源，防止多头数据造成信息混乱。三是数据应自动获取，防止人为干扰，企业应当通过搭建数据接口的方式，对数据进行标准、公开、透明的管理。四是建立云化数据仓库，将各类系统数据集中存储到云平台，以数据仓库的方式集中提供服务，确保数据高效运行与集中管理。

3. 管理与流程智能化

管理与流程智能化包括流程控制智能化和大数据分析智能化。流程控制智能化是指在管理和业务流程中，由信息系统进行智能判断、审核，实现流程自动化、审核智慧化、控制智能化。在企业内部风险控制过程中，智能化可大幅提高风险控制的能力和水平，实现更低成本、更高效率、可控风险的目标。人工智能控制是依托大数据和智能技术，结合历史交易情况进行数据分析等，诊断业务与交易过程中可能存在的风险，计算风险业务的关键特征，建立风险控制模型，对风险事项进行排查。依托智能控制技术，实现在海量业务与交易中快速甄别和封堵风险漏洞，降低损失和成本。人工智能控制具有控制成本低、控制效果好、有效性强的显著特征，在事前做好风险控制，可以避免重大的风险与损失。企业内部生产经营数据是相互关联、相互依存的，数据的变化是特定经营行为的结果。企业风险管理涉及各个领域，风险事项的发生会产生相应的行为和特征，最终体现在经营数据上，根据这些数据建模可以快速、准确地诊断出企业可能存在的风部行为，提前预警和防范企业内部风险。随着大数据、云计算和人工智能技术的不断成熟和发展，将这些技术应用在企业内部风险控制领域，创新企业风险管控手段，可大幅提升企业内部风险控制能力和水平。

9.3.3　智能风控系统构建

　　智能风控系统是指企业应用大数据、云计算、人工智能技术搭建的集成化的内部控制系统，可快速、准确地实现企业内部控制风险排查，帮助企业提升内部控制的有效性，降低内部控制成本，实现风险防控能力的提升。智能风险系统主要包括业务交易数字化、数据资料信息化、信息资源知识化、知识智慧行动化4个核心要素，如表9-6所示。

表9-6　智能风控系统

核心要素	内　　容	作用
业务交易数字化	对企业生产、销售、管理等各个作业流程进行数字化管理，实现对业务与交易过程的数据转化和存储	将作业流程转化为数据
数据资料信息化	主要是对企业生产、销售、管理各个环节的数据进行加工、计算、分析、整理，形成有用的信息	将数据转化为信息
信息资源知识化	把信息转化为对企业内部控制有用的知识	将信息转化为知识
知识智慧行动化	把数据、信息和知识嵌入企业内部控制或生产环节，形成内部控制的具体控制举措，最终杜绝内部风险事件的发生	将知识转化为行动

　　(1) 业务交易数字化，即将作业流程转化为数据，对企业生产、销售、管理等各个作业流程进行数字化管理，实现对业务与交易过程的数据转化和存储。业务交易数字化不仅实现企业的生产数量、销售数量、销售价格、成本等可量化信息的数字化，还实现业务管控流程、审批流程等行为的数字化。其中，生产过程数字化是对企业生产过程中涉及的物资流转、审批流程、权限控制等环节进行数字化管理。所以，业务交易数字化是大数据、云计算和智慧控制的前提与基础。

　　(2) 数据资料信息化，即将数据转化为信息，主要是对企业生产、销售、管理各个环节的数据进行加工、计算、分析、整理，形成有用的信息。原始的业务与交易数据的信息含量极低，需要进行加工、建模分析，才能形成对企业内部控制有用的信息。数据资料信息化的过程就是对数据的逻辑关系、关联关系进行处理、比对、分析，并结合企业内部控制管理的需要，转化为对企业内部控制有用的信息。

(3) 信息资源知识化，即将信息转化为知识，把数据资料信息化环节分析、计算、提炼出的信息，转化为对企业内部控制有用的知识。在将信息转化为知识的过程中，除了需要对信息进一步计算、加工、处理，还需要结合管理人员的经验、外部环境和企业实际情况等进行判断、趋势分析、产业分析等，总结对企业内部控制有用的知识并对管理产生作用。

(4) 知识智慧行动化，即将知识转化为行动。降低企业风险是整个智能风控系统的最终目标，把数据、信息和知识嵌入企业内部控制或生产环节，形成内部控制的具体控制举措，最终杜绝内部风险事件的发生。

经过数据采集、处理和转换之后，可获取大量业务数据信息。企业正常业务产生的数据，其数据值一般在合理的范围之内，而风险业务的某项数据一般会偏离正常的数据范畴，通过分析历史风险业务的数据，计算高风险业务发生时的可能阈值，再固化到系统中，最终通过系统模型实现自动分析与评价。当超过风险阈值时，系统自动发出预警或发送风险诊断报告，提示可能存在的风险问题并封堵，以达到快速排查风险的目标。智能风控系统，按功能可分为人工智能控制、大数据风险分析、智慧审计等；按控制流程可分为事前控制、事中控制、事后控制。事前控制是指在事前结合业务管理流程和数据逻辑关系，找到业务、交易和管理流程中的关键控制环节，设计一系列控制模型，实现业务数据关系校验、业务风险诊断、业务异常提醒、舞弊风险识别等功能，在风险发生前实现预警的流程控制。事中控制是指在生产过程中对业务进行校验、稽核、诊断等，对发生过程中的业务进行风险管控。事后控制是指事后通过云计算识别与审计，在海量的数据与交易信息中，计算、分析、判断出疑似虚假交易与舞弊风险，快速定位企业已发生业务的风险内容。

9.4　智能经营分析

企业经营分析是指企业为适应市场经济的需要，运用定量分析、定性分析及相关业务分析等方法，对企业内部数据和外部数据进行综合性分析。企业通过经营分析，能够准确地掌握一定时期的市场份额、收入结构、盈利能力、重点业务、服务能力等各项经营指标，并根据数据的发展趋势对下一步经营做出科学判断和定位，为企业运营提供支撑和指导作用。

9.4.1　智能经营分析概述

1. 经营分析的步骤

目前大部分企业经营分析的主要实施步骤包括确定经营分析的基本框架，收集与整理相关数据信息，基于所收集的数据信息计算 KPI 指标，与以往的计算结果进行对比、分析并与预算信息进行比较，分析数据背后的问题，制定科学、合理、有针对性的改进措施，落实、跟踪实际执行情况。然而，在实际的经营分析工作中，缺少对存在问题的深入分析以及后续的落实、执行情况跟踪，这样不仅使经营分析工作的价值和效果受到了影响，也无法促进各项工作的有序进行。为解决这些问题，首先，应充分了解和掌握企业的发展战略及当前的实际经营情况，并及时掌握经营分析的最新动态，为优化经营分析步骤提供有力支撑。其次，应完善与健全相关的机制，在经营分析的过程中，根据实际情况不断完善各项制度，并严格遵循相应的规范及标准实施经营分析，以此确保该项工作的有序开展。最后，应充分了解企业经营的真实情况，对工作的开展重点和难点有明确认识。

2. 经营分析的方法

结合目前企业经营分析方法的应用情况，很多企业在实际工作中还是以套用传统的模板为主，分析的方法单一，分析报告不够完整，最终的分析结果并不具备参考和使用的价值，经营分析的结果对企业各项工作并没有实质性的推动作用。因此，企业在实际管理工作中需要掌握有效的业务分析方法、数量分析方法、行为分析方法以及调研分析方法。其中，业务分析是通过有针对性地分析企业在实际经营中存在的问题，来探究导致这一问题产生的原因；数量分析的基础是定量分析，是利用统计学知识与会计学知识开展分析工作；行为分析是针对企业目前的文化、资质及员工进行分析；调研分析是上述三种分析的结合。在实际的经营分析工作中，工作人员需要结合实际情况选择合理的分析方法，充分发挥经营分析工作的作用。

3. 经营分析的内容

企业经营分析的主要内容包括企业的财务能力、发展方向、经营策略、盈利能力、生产能力、营运能力和企业的稳健性等。但是，目前很多企业经营分析的内容更倾向于指标化和教条化，将主要的精力和重点放在企业盈利能力和运营能力的提升上，导致很多经营分析的内容很空洞，最终造成经营分析流于形式，甚至影响企业的经营管理。所以，相关工作人员在实施经营分析的过程中，需要对经营分析所涉及的内容进行优化，深入分析相关的数据信息，及时发现其中隐藏的一些问题，采用针对性的解决措施来提升企业管理的实际效果。

另外，企业的管理人员要学习经营分析涉及的相关专业知识，并有效利用这些内容，推动各部门通过经营分析解决问题，为各环节工作的有序开展奠定基础。除此以外，企业应针对经营分析工作的意义和价值进行宣传，使领导者和管理人员加强对此的重视，从而营造一种良好的氛围。同时，要定期分析行业发展的影响因素以及外部经营环境，对收集到的数据信息进行整理，总结经营活动的规律，并且针对相应的问题采取合理的解决措施，这样可以充分发挥经营分析工作的价值，促使企业管理水平得到进一步提升。

9.2.2　智能经营分析体系

通过建立集经营分析决策体系、经营分析指标体系和经营分析会议于一体的经营分析体系，不断推进经营分析工作的发展与升级，逐步实现业务与财务的深度融合，可以帮助企业管理层全面把握企业的实际运营状况，为企业管理层做出科学的企业经营决策提供支撑。

(1) 建立经营分析决策体系。企业要以价值提升和追求可持续发展为主题，围绕战略的制定、执行及监控，确定相关决策事项，根据发展目标建立新形势下保障企业持续稳定、运行，促进企业核心竞争力提升的战略决策体系。

(2) 建立经营分析指标体系。有效的绩效管理与监控可助力企业健康运行，绩效监控体系的核心是将抽象化的研究对象转化为具有可操作性的评价指标，包括财务经营指标和非财务经营指标。企业应遵循全面性、重要性和关键性原则，结合自身战略目标和经营业务实际，确定能够反映企业的盈利能力、偿债能力、资金周转情况并助于优化决策的经营性指标。

(3) 组织经营分析会议。财务部门和业务部门应组织定期与不定期相结合的经营分析会议，召集企业管理层和相关部门负责人对分析报告进行深入探讨，明确经营分析体系的价值以及实现价值应采取的措施，进而确定具有可行性的操作方案。

9.2.3　智能经营分析系统

为了提升企业的决策支撑能力，企业应采用云计算、大数据、人工智能等技术，加强财务信息深度应用和智能分析，构建智慧分析应用平台，打造企业价值管理业务全覆盖、海量业财数据深度挖掘、适合不同管理层级业务需求的企业级一站式智能经营分析系统。智能经营分析系统将助力构建大数据中心，对历史财务数据进行收集、整理，定量分析、总结财务数据发展规律，构建财务模型，助力管理层在日常生产经营中实时掌握财务数据及其变化规律，对企业财务数据进行动态管理，为企业持续成长提供决策支撑。智能经营分析系统提供运营分析、科学预警、模拟预测、自助分析、智能报告五大功能，如图 9-3 所示。

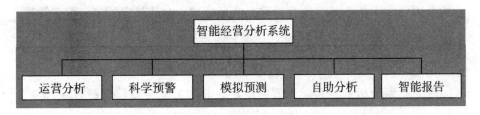

图 9-3　智能经营分析系统的五大功能

1. 运营分析

智能经营分析系统可实现企业关键运营分析指标从上到下统一模板，借助智慧大屏进行实时动态展示，真正做到数据从上到下可穿透，从左到右可类比，为企业经营决策和绩效衡量提供管理抓手。智能经营分析系统运营分析主要包含企业业绩分析和企业专题分析两方面内容。

(1) 企业业绩分析。企业业绩分析体系依据企业战略目标和经营目标构建，同时需要各个业务部门的通力支持与合作。在构建企业业绩分析体系的过程中，应充分考虑价值驱动因素在经营目标与关键业绩指标之间的纽带作用，充分发挥财务的价值发现、价值创造职能。企业对战略目标进行初步细化并确定企业不同领域的经营目标之后，依据不同经营目标对应的不同价值驱动因素构建企业经营目标、二级单位关键业绩指标、基层单位关键业绩指标、岗位业绩指标四层级业绩分析体系。四层级业绩分析体系在企业经营目标与员工个人行为之间建立有效联系，借助信息化手段将平衡积分卡等先进管理工具落地实施，推进财务转型，助力业绩达成。

(2) 企业专题分析。企业专题分析体系从不同维度满足不同经营领域、不同职能部门、不同专项的各管理层级业绩管理需求。企业专题分析体系将基于财务、业务信息，对企业各级单位取得的生产经营成果和经济效益进行分析，不断寻求人、财、物等资源的高效配置与利用，促进生产和经营活动的合理安排，提高各级单位及企业的经济效益。企业专题分析体系将涵盖国资委考核项目、预算管理、资金管理、会计核算管理、税务管理、工程财务管理等关键分析指标。

2. 科学预警

智能经营分析系统科学预警模块对企业财务运营过程进行跟踪、监控，及时发现企业经营中存在的问题，及早发现导致财务危机的潜在因素，对企业财务危机发生的可能性进行前瞻性判断与及时反馈，以便在财务危机出现萌芽状态时采取有效措施，改善企业经营及管理，防止财务危机发生。智能经营分析系统科学预警模块可以对企业财务运营进行监控预警，发挥财务的价值保护职能，助力企业健康发展。智能经营分析系统科学预警模块可以通过自然语言识别技术实现快速洞察分析，灵活设置预警规则，实时展示预警信息，反馈异常变动，实现更科学的分析决策。

3. 模拟预测

智能经营分析系统模拟预测模块通过财务模型对财务指标、财务报表等进行科学预测，再依据敏感性分析对指标的主要影响因素及影响程度预判企业当前发展状况和未来发展方向，及时调整发展计划，使资源配置更加合理、科学，实现财务的价值引领职能。智能经营分析系统模拟预测模块可以对企业营业收入、盈利情况、资产规模、资本结构等多维指标进行科学预测，为管理层展现企业未来一段时间经营和财务状况的全景图，管理层可以根据预测信息进一步调整、优化业务发展方向及战略规划，从全局战略视角把控企业发展方向。

4. 自助分析

智能经营分析系统自助分析模块根据不同层级用户的不同需求实现自定义分析指标功能，通过人机友好交互、灵活的排序和筛选方式、丰富的展示设置等实现自助多维分析，使非专业人员能够高效查看分析结果，满足不同用户的分析需求；通过对数据的深度探索与挖掘，充分发挥数据的价值，进而实现管理层决策有依据，决策可量化。

5. 智能报告

智能经营分析系统智能报告模块把常用报告通过自定义模板进行固化，支持 Word 版本报告的导出，满足千人千面个性化报告需求，实现智能报告一键生成，自动更新不同报告周期的数据，在提高工作效率的同时，为报告数据的准确性、及时性提供更多保障。智能经营分析系统可以利用云计算、人工智能等前沿技术，为企业构建科学、合理的数据分析体系和指标库，提供数据信息的横向分析、纵向对比，实现灵活、多维数据分析，满足不同领域、不同场景的业务需求；可以利用人机互动、自然语言识别等技术，提供更智能、高效、便捷的查询服务，基于数据仓库进行数据挖掘，实时、直观地展示企业关键指标，对异常指标及时预警和反馈；可以利用大数据技术进行整合、分析,实现数据价值,优化企业决策,改善资源分配,从集约化管理与精益管理中要效益,为实现企业战略目标提供合理保障。

本章小结

　　智能战略财务的框架包括财务战略、全面预算管理、资本运作、经营分析和财务合规风控。将事务性的工作进行剥离,进一步发挥财务的资源配置作用和经营分析支撑作用,才能更充分地发挥战略财务的功能。

第 **10** 章 智能财务案例

在大型企业集团中，智能财务采用以战略财务为引领，以共享财务、资金管理为两翼的"一体两翼"财务新模式展开，通过智能技术的应用强化集团财务管控，进一步发挥财务的功能。

10.1　A集团：数字经济时代智能财务实践

10.1.1　A集团基本情况

A集团属于建筑行业，有多家上市公司，员工超30万人，业务遍布全国，业务布局涵盖投资开发、工程建设、勘察设计、新业务等领域。由于A集团体量巨大，拥有二级单位40余家，三级单位2000多家，项目存量40 000多个，财务人员超10 000名，经营区域极其广泛，业务板块众多，业务模式多样，管理层级较多、链条较长，因此，在搭建智能财务平台的过程中，要从集约协同的角度出发，厘清各级财务定位与管控需求，在标准统一的基础上满足业务差异化需求，整体规划、有序分步推进。

1.A集团智能财务的定位

在数字经济时代，企业面临较大的风险与挑战，也对企业财务数据管理、分析及反馈提出了更高要求。智能财务的定位是构建一流的财务管理体系，提升服务能力，向上支撑运营分析、绩效管理，向前支撑业务精益管理、财务转型升级，完善合规性和风险管控体系，同时规范企业财务资金业务，强化资金收支管理与风险预警，提升资金资源运营效率，减少违规风险，严肃财经纪律。

2.A集团智能财务的总体目标

A集团智能财务的总体目标包含四个方面。

(1) 推进财务标准化建设，推进财务"两化融合"。实现财务系统业务标准化和智能化的有机融合，以智能化建设为手段，充分结合标准化规范，落实企业各项财务管控目标。

(2) 实现业财有机融合。有效发挥智能财务的合力，促进数据更加规范、及时和准确，统一财务口径和行业标准，加强业财融合、协调统一、信息共享，实现数据同源。

(3) 实现"业财一体化"管理和"一键出表"。实现财务系统业务的一体化管理，实现核算、预算、资金、税务的数据与对外报告、内部分析报表相互融合、前后贯通，支持"一键出表"。

(4) 建立"财务经营数据共享中心"支撑管理分析决策。搭建企业统一的财务数据中心和财务决策支持平台，构建各类财务分析模型，为企业提供真实、完整、及时、准确的财务与经营信息，实现信息共享和数据价值管理，满足企业管理分析和决策的信息需求。

3. A 集团智能财务的建设原则

A 集团的智能财务建设，除了要满足建设目标、解决 A 集团目前财务信息系统存在的问题之外，还需要遵循以下原则。

(1) 量身订制。搭建智能财务平台既不是建造商品房，也不是提供大众服务，它受到 A 集团的体量、业务范围、所属单位、财务管理层级、业务模式等要素的影响，因此在搭建前需要广泛开展内部调研、外部学习与借鉴。集团应与咨询厂商、平台供应商深入研究，针对不同的应用场景，匹配不同的新技术，突出先进的智能化理念，进行个性化开发。量身订制的智能财务平台能够支持多层级、多角色、多形式、多技术、多连接的应用。

(2) 有序推进。智能财务建设本身是利用"大智移云物区"等新技术来实现财务智能化，与传统的财务管理相比，具有技术上的革新和质的飞跃。消化、吸收新技术需要一个过程，将新技术与财务融合同样需要一个过程，所以智能财务建设不能一蹴而就，需要有序推进。

(3) 易于落地。对于大部分的财务人员来说，从技术层面来理解"大智移云物区"等新技术应该是比较吃力的，所以不能期望财务人员成为平台系统的架构师。搭建智能财务平台的关键在于"用"，"能用"只是最基本的要求，在能用的基础上还要"好用"，更要"用好"。经过适当的集中培训后，财务人员基本上能够掌握智能财务平台的使用要领，在平台供应商的技术支持下，智能财务平台能够在整个企业集团顺畅地落地实施。

(4) 前瞻性。在满足集团当下的流程自动化、在线数字化、分析智能化等财务管理要求的同时，还要考虑财务智能化的发展趋势，为智能财务平台预留一定的接口，方便平台未来进行升级和完善。

10.1.2　A 集团主要做法

1. A 集团智能财务平台架构

A 集团智能财务平台采用前、中、后台的架构，如图 10-1 所示。前台是业务系统，包括 HR 系统、项目管理系统、销售系统、采购管理系统等。中台是财务对接前端业务系统的统一平台，主要由五个中心、两个平台构成，分别是数据采集中心、流程审批中心、业务管控中心、信息集成中心、基础服务中心、财务操作平台、技术开发平台。财务中台按照全业务、规范化、集中化、流程化、自动化的原则，为 A 集团实现业财对接、标准统一、业务处理高度自动化的报账业务流程，将前端业务数据按照统一的规则转化为标准化的财务数据，搭建业财融合的桥梁，发挥"承接业务、服务财务"的作用，助力集团财务管理工作的转型和升级。后台是财务、资金等各专业系统，即"大智移云物区"等新技术的应用场景，主要包括核算系统、合并报表系统、全面预算系统、资金管理系统、税务管理系统、商业智能分析系统和主数据系统等子系统。前、中、后三个平台分别发挥了不同的作用：前台负责收集基础数据，中台负责对接各业务系统，后台对前、中两个平台传输的数据进行归口，形成对应的与财务报表使用者相关的财务信息。因此，整个智能财务平台中，后台的建设最为关键。下面重点介绍后台的各子系统。

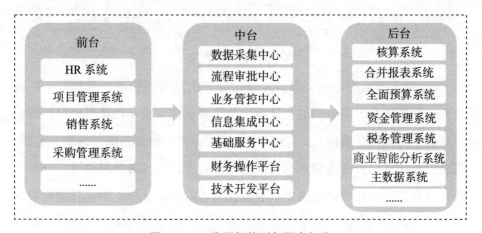

图 10-1　A 集团智能财务平台架构

2. 核算系统

核算系统在集团层面上统一核算规则、统一会计信息，完善与中台和前台的数据对接，同时对核算数据采取多口径的维护和管理，为管理层提供更为多元化的分析，如图 10-2 所示。具体来说，核算系统围绕以下几个方面运行。

(1) 解决内部往来对账存在的问题。作为大型企业集团，总部层面需要统一、规范往来交易双方的核算规则。比如，总分包业务中，总承包商和分包商都要依据双方签字确认的结算单进行记账。借助系统功能，实现往来交易在双方账套中入账的自动化，进而实现 A 集团总部层面主数据的集中维护，保证主数据信息的统一。

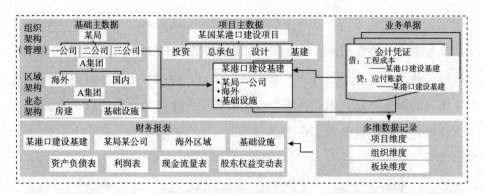

图 10-2　核算系统

(2) 梳理准则存在的差异。A 集团存在大量海外业务，获取并分析现有海外业务经营市场当地的会计准则与报表披露需求，以及当地机构的会计核算系统和核算流程尤其重要。在核算系统中，根据各海外国家的准则，以及当地法定报表披露要求与需求的差异程度，对各海外机构进行分组，每组分别进行核算准则与法定报表披露需求的深度分析，明确详细的核算规则、准则与报表披露要求的差异。根据各组海外机构的业务特征与基础情况，制订总体的短期、中期、长期解决方案的实施路径。

(3) 以板块及经济事项为源头，统一核算体系。在 A 集团范围内统一系统各项功能模块校验规则，实现核算系统与前端中台系统的规则一致性，核算系统与中台系统完善接口检查、功能核对机制，实现多维核对。同时，增加合同口径，为经营统计与多维分析工作提供数据基础，兼顾管理口径，从而实现多维度利润分析。

3. 合并报表系统

合并报表系统从最底层单位的数据信息开始，梳理并设计各种股权关系情形下的合并抵销逻辑，实现逐级自动合并，生成法人口径和管理口径的合并报表，如图 10-3 所示。合并报表系统主要解决人工编制合并报表费时费力且容易出错的问题，基于一体化平台"一键出表"。通过设置数据处理机制，即凭证池（报表取数的预处理，是一键取数的核心功能模块，内置多项数据处理机制），把从前端各系统集成的数据进一步加工，处理成满足报表取数要求的数据。人工智能在会计领域应用的重要前提是原始会计数据必须是计算机可识别且具有高精准度的数据。围绕一键合并解决方案，通过将内部交易对账、单户表取数、台账管理、合并抵销、完成合并等功能进行有效串联，辅以合并工作流程监控功能，对全过程有效跟踪，实现合并报表生成过程一体化、模块化、流程化、可视化，实现了合并报表一键生成。还可以利用一键稽核功能对账表数据的一致性进行不定期检查，保证了合并报表的数据质量。

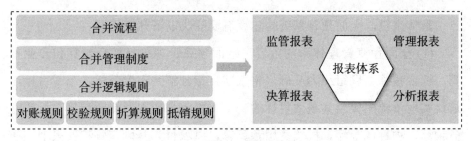

图 10-3　合并报表系统

4. 全面预算系统

全面预算系统作为集业务、资金、财务、信息等为一体的综合性预算体系，对企业进行战略管理、资源配置、协调各部门的关系等都具有重要的作用。基于业财一体化的全面预算系统（见图 10-4）的建设围绕以下几点开展：一是建立"以战略为导向，衔接业务考核"的指标体系；二是充分调研多元业务模式，满足全业态经营管理需求；三是细化管理颗粒项目层面，全员精细化管控；四是建立过程动态控制的预算流程，最终达到标准化提升和精细化管理的目标。

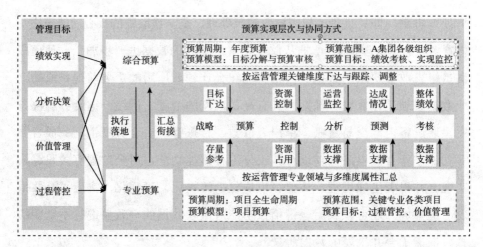

图 10-4　全面预算系统

具体来说，全面预算系统的建设需要解决以下几个问题。

(1) 全面预算管理体系的内容。全面预算管理包括综合预算和专业预算。综合预算，以组织为基础，将战略目标分解为年度目标、绩效目标，最终实现资源配置及其绩效目标的制定、跟踪与实现。专业预算，包括财务预算、项目现金流、机关费用预算等，以项目为基础，颗粒度更细，通过业财协同与分工，实现以价值为基础的运营过程管控。

(2) 全面预算管理体系的功能。全面预算管理以战略解码、业务计划、年度预算、执行控制、绩效评价、管理报告六部分内容为基础，从战略制定开始设定企业目标、分解目标并进行预算编制，与其他系统联动实现预算控制，获取其他系统执行数据进行预算分析，结合实际进行预算调整，设定考核指标对比预算分析结果进行绩效考核，通过这一系列完整的流程设定来实现绩效提升的整体目标。

5. 资金管理系统

资金管理系统 (见图 10-5) 的建设围绕以下几点开展：第一，构建银行、内部银行、现金账户集中管理的核算架构，统一提供资金结算窗口和各类支付手段，构建对票据全生命周期的管理。第二，强化资金预算管理，以月度资金预算管控为抓手，监控每月资金预算执行情况。以资金头寸管理为手段，每日按头寸管控资金支付额度。利用银企直联、系统自动运算逻辑，自动执行资金的上划、下拨、划拨处理，增强资金集中的信息化水平，提高资金集中率。第三，加强对担保、保函等非现金业务的管控，自动形成台账和到期提前预警，避免出现保证损失。第四，对融资业务采用融资预算和授信额度双向管控，充分预防和管控融资风险。

图 10-5　资金管理系统

资金管理系统的功能主要体现在以下几方面。

(1) 银行账户管理。A 集团建立资金管理系统后，通过数据接口实现内部资金系统与银行系统的连接，实现企业与银行财务信息同步，提高资金结算效率，减少人为差错，精准管控资金。

(2) 资金集中管理。A 集团的资金池及账户体系主要分成两个层级，第一层是集团总部层面的总账户，第二层是二级单位在总部层面设置的总账户，二级单位集中下级资金后定时上存到集团总账户，满足集团的资金集中率要求。

(3) 内部银行。启用内部银行后，通过内部银行记录上下级单位之间以及平级单位之间的所有资金往来业务，便于对集团的资金存量进行统一管理。

(4) 资金计划管理。与预算系统、中台系统高效集成，以项目现金流管理为重点，与年度预算及资金计划紧密融合，并指导实际收付活动，实现现金流全价值链闭环管理。

6. 税务管理系统

税务管理系统是一种基于"内部税局"思想的应用，其核心任务在于梳理企业税务风险点，建立风险信息库和税务风险指标模型，实现在线风险识别、评估、监测、预警，呈现风险报告，提出应对措施，进行监督与评价等，从而加强税务筹划管理，将日常标准工作流程及税筹模型、行业法规固化于系统中，降低风险，提升效率，帮助企业实现合理的筹划，如图 10-6 所示。

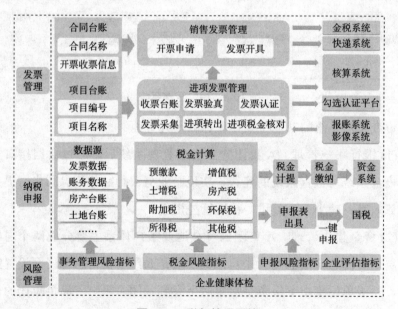

图 10-6   税务管理系统

税务管理系统的功能主要体现在以下几方面。

(1) 发票管理。发票管理包括进项发票管理和销项发票管理两部分。在发票管理系统中，能够实现与项目台账、合同台账、报账系统、影像系统、核算系统、金税系统、快递系统的自动集成；通过与金税系统接口对接，实现增值税发票一键开具、自动验真、一键认证，提高发票业务处理效率。

(2) 税金管理。税务管理系统提供多种税金计算模式，满足各税种税金计算需求；通过与发票数据、涉税台账、账务数据的同步，实现纳税申报表自动计算，与资金系统直联支付税款，实现税款在线缴纳。每个环节内置风险指标体系，做到事前预警、事中控制、事后评估。同时，将税金计提作为税金缴纳依据，直接推送给资金系统支付。

7. 商业智能分析系统

商业智能分析系统 (见图 10-7) 将数字经济分析应用于企业决策的全过程，不仅为企业创造更多的价值，提升决策效率和效果，甚至能改变企业的商业模式与管理模式。A 集团通过梳理不同层面对决策和管理的信息需求，采取多种应用形式和展现方式，满足不同层面对决策支撑与经营管理的信息需求。搭建 A 集团统一的数据仓库与商业智能分析平台，为 A 集团提供真实、完整、及时、准确的财务和经营信息，构建各类财务和分析模型，实现信息共享和数据价值管理，支撑 A 集团数据展示的需求。

商业智能分析系统主要包括以下几部分。

(1) 数据仓库。构建数据仓库，实现对 A 集团财务与经营信息的统一管理，沉淀、形成 A 集团可用的数据资产。

(2) 数据集市。构建数据集市，按照分析主题、分析内容构建不同的数据立方体和数据模型，支持财务数据展示的落地。

(3) 指标库。根据对财务及生产经营指标的梳理，进行业绩指标、经营业绩、经营质量、现金流分析等各主题的专题展示。

（4）移动 App。充分重视移动应用，设计简单、易用的移动 App，及时为管理者提供财务和经营数据。

（5）管理驾驶舱。通过丰富的图表对财务和经营数据进行直观展示，为 A 集团和二级单位提供管理驾驶舱，为数据展示提供支撑。

（6）更多应用。支持可扩展的应用模式，通过建立各类数据模型及应用终端，满足未来 A 集团各级管理者的数据使用需求。

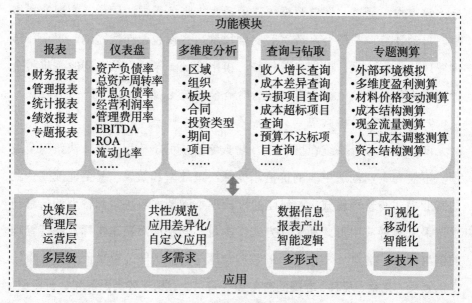

图 10-7　商业智能分析系统

8. 主数据系统

A 集团首先梳理全业务报账系统、核算系统、合并报表系统、综合统计分析系统、资金管理系统、全面预算系统、税务管理系统、商业智能分析系统等各系统，明晰数据源头及流向关系。各系统之间不能直接调用数据源，由主数据系统首先向各系统接入数据，所以，当某系统需要调用其他系统数据时，由主数据系统向该系统分发其他系统的数据，从而避免主数据系统以外的各应用系统直接调用主数据。主数据系统如图 10-8 所示。

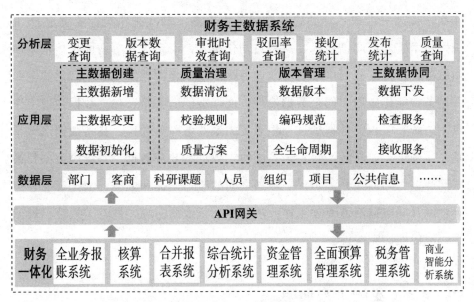

图 10-8　主数据系统

10.1.3　A 集团主要成效

新技术的涌现不仅改变了企业的商业模式和市场竞争模式，也推动了财务管理模式的变革，让财务工作更加简洁、高效。A 集团智能财务建设取得了可观的成果，具体表现在以下四个方面：一是实现了管理创新，包括数据管理创新、合同管理创新、资金管理创新和税务管理创新。通过智能数据管理系统的建设，对融资业务进行全面管控，同时创新了内部银行的运行机制，横向协同其他财务和业务系统，实现了 A 集团资金的统筹和精益管理，取得了较大的经济效益。二是加强了 A 集团的内部控制体系建设，包括组织架构、核算体系、资金管控等方面，使各个业务链条实现闭环，符合会计准则和相关法律法规的要求。三是在技术创新方面，通过"搭积木"模式组装各种轻应用，解决单体应用开发模式无法复用信息化建设成果的问题；借助轻量化的容器云技术搭建一站式的无人值守运维体系，提高运维效率；共建共享业务生态圈，首次在建筑行业实现 OCR 识别技术、知识图谱技术、流程自动化技术、语音识别等智能化技术全部微服务化，依靠能力中心对前端业务赋能，创新性地实现了端到端的全业务链条智能化应用。四是数据治理方面，智能财务平台建立数据治理工作机制，统一了相关数据标准，积累了大量业务财务数据，具备数据治理基础；明确了智能财务平台各子系统的主数据和业务数据、系统内数据和系统间数据之间的关系，确保了数据之间的流通快捷和顺畅；依托智能财务平台，开展数据治理专项工作，从而保证了数据的唯一性、一致性、规范性、准确性、完整性。

10.1.4　A 集团未来展望

A 集团智能财务建设取得了可观的成果，但是智能财务作为一种新型的财务管理工作，依然需要不断改进和完善，具体体现在以下方面。

(1) 以智能财务平台为核心，拓展企业智能化、数字化建设。深化智能化应用，提高平台易用性，提升财务工作效率。建立相关业务管理台账，以财务数据反哺业务端，实现商财一体管理。制订集成标准方案，搭建集成服务平台，支撑核心业务系统集成，筑牢业财融合基础。

(2) 建立完善的数据治理体系。数字经济时代，数据已成为第七大生产要素，是企业构建核心竞争力的重要内容，充分挖掘数据价值有助于实现企业业务创新、支撑智能决策和优化成本控制等目标。数据治理是盘活企业数据、挖掘数据资产价值的重要软实力。数据治理能力须匹配业务发展的需求，协同企业的信息化建设，明确数据治理战略定位，建立数据治理组织及数据治理制度，完善数据标准管理、数据质量管理、数据授权管理，建立完善的数据治理体系，挖掘数据资产价值，赋能业务发展。

10.2　B集团：商务智能应用促进管理会计升级

10.2.1　B集团基本情况

　　B集团属于能源行业，拥有多家上市企业和近40家二级单位，业务遍布全世界，业务布局涵盖发电、投资、工程、金融等领域。B集团通过明确管理会计职能定位、重塑财务管理架构、梳理财务管理流程、搭建财务信息系统、推进业财融合、制定财务战略规划、创新财务管理机制，实现了财务、业务、人员的一体化信息共享，完成了以价值创造为核心的集团管理会计体系的搭建、转型与升级。

10.2.2　B集团主要做法

　　管理会计以战略规划为导向，以业务流程为基础，利用管理会计工具和方法，对相关信息进行分析与处理，通过影响规划、决策、控制和评价等管理活动实现价值创造，促进公司的可持续发展。

　　1. 明确管理会计的战略定位

　　为保障B集团战略目标的实现，明确财务转型方向，B集团的财务定位是为企业提供高附加值的增值分析者和决策支持者，关注由业务与交易的处理反映企业经营状况，实现内控控制向预测、决策和评价转变，提升股东价值。基于这种定位，B集团健全了财务服务、业务支持、决策支撑三大财务职能，不断地加深业财融合并与业务一起成长，同时利用自身的财务专业知识，通过智能技术逐步实现智能财务职能。

　　2. 管理会计整体规划

　　B集团重塑财务架构和运行模式，打破原有的行政组织，形成战略财务、业务财务、共享财务三位一体的财务管理职能架构和新模式。其中，战略财务是战略管控与决策主体，主要功能是围绕企业中长期发展规划制定相匹配的财务战略，统筹优化资源配置，支持战略决策，实现对企业战略发展的有力支撑和有效配合。战略财务的主要职责是开展财务体系规划与建设，制定财务发展战略和重要财务规则，管控重大财务事项，监督重点经营活动，具体包括财务战略、预算管控、政策制定、资源配置、财务风险管理等。业务财务是战略执行与创效主体，主要功能是对企业生产经营进行财务监控、分析和评价，开展经营要素分析，深化业财融合，提出工作建议。共享财务是财务共享业务实施中心，主要功能是利用数智化系统技术，集中、规范地处理相关标准化和流程化业务，有效控制风险；集中和积累数据，深挖数据价值；发挥业务集中优势，打造财务人才培养基地。

3. 重塑财务组织

通过对现有的人力资源进行整合，避免了财务人力重复配置，按战略财务、业务财务、共享财务划分后，在集团层面实现资源的最优配置，设置了扁平化的财务组织，进一步提升财务组织的整体效率和财务管理水平。

4. 搭建财务大数据系统

除了基础的 ERP 和财务共享平台外，重点是适用了财务大数据系统。基于商务信息仓库横向拓展企业数据仓库主题，整合财务系统和业务支撑系统的业财数据，支持战略决策。

(1)顶层设计。对涉及整体分析系统建设和具体模块建设的思路、架构、要素及界面等进行系统筹划。结合公司发展经营需要，梳理并确认各板块业务类别，通过业务类别将计划预算、报账管理、财务分析等模块关联与融合，推进财务管控创新，开展全级次深化应用、大数据分析，将应用成效扩展至最大化。在公司管理规范的前提下，及时掌握资产项目经营情况。

经营分析系统数据口径分为三个维度，通过横向、纵向多角度分析财务指标数据，不断降低数据使用难度，逐步推动财务效率和决策能力提升。建设多维数据库，解决原有跨部门、跨专业数据难以共享的问题；内部管理报表实现自动归集数据、自动生成报告，减轻财务人员工作量，提高工作效率，进一步完善经营风险预警指标，及时了解风险监控情况，辅助决策。

(2) 明确分析指标。利用业务数据构建各项效益模型，搭建各区域运营能力、盈利能力、竞争能力价值地图，实现三张主表全方位的价值分析；推进全方位的预实分析，为考核、决策提供数据分析支持。利用流程自动化机器人技术，开展相关业务系统的对接与数据收集，推进企业经营发展的综合预测分析及模型建设，为各个层级提供多元化数据支持服务。根据集团指标管理要求，梳理内部指标标准，创建分级、分层分析指标体系，创建分析报表。对取数关系、分析办法相同的分析内容，特别是一些主要的财务分析指标，统一设置取数关系、运算关系和分析规则，促进各单位指标分析的统一、规范和对结果的直接应用。结合各板块特色及各单位关注点提取相关报表主要数据形成月度分析模板，对涉及税费类、统计类、销售类、资产类、资金类数据逻辑进行溯源梳理，实现自动取数，自动生成各专业分析统计表。

(3) 经营分析系统可视化。结合综合指标体系、计划指标体系、多维度场景确定分析主题，创建在线报告、分析报表。完善分析结果展示效果，通过 PC 端、大屏端、移动端等，实现可视化分析推送。

● 综合指标体系：综合指标体系包括各单位经营总览、总体经营情况、业务指标分析、财务指标分析等内容。经营总览包括营业收入、利润总额、净利润、归母利润等数据，并按照板块分类展示指标分析及各单位明细数据。业务指标分析主要展示各单位发电量、供热量、综合厂用电率等指标，并针对突出板块进行发电量、供热量、售电量及售电单价的详细分析。

- 计划指标体系：业绩考核指标包括经营指标、约束指标及年度研发投入的实际完成数、责任目标和目标差异百分比。业绩指标总体展示包括总资产报酬率、净资产收益率、营业收入增长率、营业利润率、利润增长率、资产负债率、带息负债比率、经济增加值的累计完成数和同比数。

- 多维度场景：将企业项目分为存量项目、增量项目及并购项目，不仅展示整体的利润情况，而且按照板块展示项目情况及各板块整体情况，包含项目个数、装机容量、发电量、电价、利润总额及各月电量、利润变动趋势等内容。

- 分析主题：税负及税收优惠分析界面展示企业综合税负率、增值税及企业所得税税负率，以及企业涉及的重要税种的本月数、本年累计数及增减额。职工薪酬分析界面主要展示全年预算、预算进度、实际完成值及各月趋势。研发支出分析界面展示研发支出总额、费用化支出、资本化支出及研发占营收的比例的批复值和本年累计数，并按照会计科目分解研发支出。

- 在线报告：对快报分析进行全级次推广，并实现上报下发的功能，如图 10-9 所示。

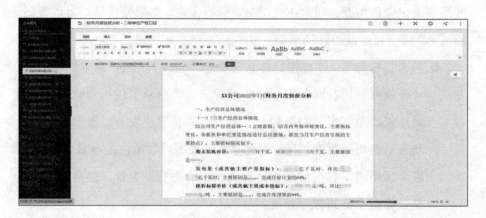

图 10-9　在线报告

● 分析报表：包含职工薪酬、研发支出统计、两金情况统计等内容。

5. 构建结果评价体系

应用平衡计分卡等理论，建立包括关键绩效指标、薪酬管理在内的一整套管理激励机制。各岗位的考评关键绩效指标如下。

(1) 财务维度：将企业的经营业绩作为财务业绩考核的一部分，体现财务作为业务合作伙伴的影响力与专业性。

(2) 客户维度：将企业的外部客户和内部客户作为财务的客户，培养为客户服务的意识，并争取提高服务水平。

(3) 内部运营：作为业务流程的重要控制角色，体现对流程的参与度与引导效果，并以专业身份参与流程制定。

(4) 学习与发展：促进财务人员的能力提升，为财务组织的进一步整体提升提供基础。

(5) 考核重点：对战略财务、业务财务、共享财务三部分的考核重点也各不相同，战略财务强调财务资源的价值创造，业务财务强调对业务分析的支持能力，共享财务强调业务处理的数量与质量。

10.2.3 B 集团主要成效

1. 财务基础业务工作效率提升近 30%

财务基础业务工作效率明显提升，对私报销业务压缩 23.08% 的时间，对公业务整体效率提升 27.27%，总账业务（一般总账、税费计提、被动扣款等）整体效率提升 28.57%，网银收款处理效率提升 11.76%，财务公司收款处理效率提升 15.38%。当日收单不过夜、特殊业务 48 小时以内完成处理。

2. 国际市场快速扩大

财务人员配合海外业务拓展，在市场环境分析、客户定位、营销方案制订和财务控制等方面发挥财务的专业优势。近几年，海外业务收入实现快速增长，先后与美国、南非、越南、澳大利亚、塞尔维亚、阿根廷等20余个国家有了项目合作。

3. 打造企业数据中心

通过梳理集团会计科目、业务流程、组织机构、政策制度、费用标准等，根据财务报表管理需要倒推科目辅助核算项设置，建立集团统一的财务标准体系，形成3000余个集团专业版块标准统一的会计科目体系及20项核算字段，实现全集团层面财务标准化。依托集中部署的统一信息系统，实现数据一点即录入，全程共享，打造企业财务数据中心。

10.2.4　B集团未来展望

B集团在管理会计升级方面取得了突出的成效，下一步将继续提升。以"价值创造"为目标，探索财务管控新模式，构建以集团战略财务为中枢，以共享财务和司库管理为两翼的财务管控架构体系；加快大财务转型，全力建设实时、高效、创新的大财务管理体系。以财务共享中心为基础，结合智慧化的手段，引入人工智能技术打造智慧财务，并向财务数据中心迭代，实现财务管理向专业化、国际化、集约化进一步迈进，为集团提升核心竞争力和建设一流企业提供支撑。

10.3　C 集团：以财务共享建设作为财务转型突破口

10.3.1　C 集团基本情况

C 集团属于能源行业，拥有多家上市企业和近 50 家二级单位，企业员工超 10 万人，业务遍布全国，业务布局涵盖发电、工程、金融等领域。C 集团业态复杂、跨区域运营的特点突出，工厂较多，地点相对分散，管控难度较大，财务人员结构化缺员，各企业同时在业务流程、核算标准、政策执行等方面存在较大差异，需要通过统一顶层设计和业务标准来实现管控的要求，提高监督和过程控制水平，促进财务能力转型。数字财务有别于传统财务，它以业务流程为基础，应用现代信息技术和方法，对相关信息进行分析与处理，通过影响规则、决策、控制和评价等管理活动实现价值创造。C 集团的数字财务以战略财务为统领，以业务财务为支撑落实集团的三级管控要求，以共享中心、大司库为两翼，实现"一体两翼"的财务管理新模式，将上述各方业务有机结合后，依托技术平台实现数字财务管理模式，使得财务管理从传统的财务会计向数字财务转变，实现财务转型与升级，提升财务管理效益和集团的核心竞争力。

10.3.2　C 集团主要做法

1. 财务共享模式的总体框架

财务共享中心是财务管理模式变革的产物，它是一套系统性工程，涉及战略定位、模式选择、企业业务流程改造、系统建设、组织架构设置、人员招聘和培训、办公地点选择等各个方面，需要采用全局架构进行设计、建设与运营。全局架构通常被用于描述一个事物，如组织架构、软件架构。对于财务共享中心来说，长期的财务共享中心运营容易让管理者陷入局部思维和过于关注细节的困境，从而忽视了对于全局架构的考察。实际上，建设财务共享中心的目的不仅仅是满足财务需要，还要形成由多个方面构成的完整的架构体系。因此，在不同层次中应用架构思维开展财务共享中心的建立和后续运营管理工作具有非常重要的意义。具体来说，财务共享中心的全局架构包括战略定位、模式选择、组织架构、流程设计、信息系统、数据规范、变革管理等多个方面。在全局架构中，企业需要关注各个组件的特性及相互关系，并针对每个组件进一步深化管理。

2. 战略定位

C集团财务共享中心的目标定位为财务转型的关键起步、财务管控的主要平台、财务管控体系落地的基本载体，其主要职能为业务处理、监督控制、增值服务、运营管理和建设推广等五方面。建设内容主要包括四方面：一是统一规划的财务共享中心。遵从顶层设计，通过先试点再推广的方式建设成统一财务共享中心。二是统一集中部署的信息技术系统。三是统一财务共享标准体系。在全集团执行会计政策、会计科目等统一标准体系，通过财务标准体系建设保障财务共享中心运行效率和效果。四是统一的财务共享制度体系。制订《财务共享中心运营方案》《三财务管理工作规范》等制度，将财务共享中心管理模式、权责界面、工作规范等进行固化，搭建涵盖纲领类、原则类、实施类的多层次制度框架体系。

3. 模式选择

综合考虑C集团产业板块业务特点、财务共享中心建设要求、核算系统应用情况，以及项目建设成本等因素，C集团财务共享中心采用"1+7"总分中心建设方案，即1个共享总中心+7个分中心国际国内双共享平台应用。国际平台可与国内平台做数据集成，获取数据用于质量检查、绩效考核、业务处理量展示。采用以国际平台为主、国内平台为辅的双平台建设方案，既选择了技术上、架构上较为先进的国际平台，同时也有助于防范采用单一国际平台可能带来的风险。

4. 组织架构

财务共享中心组织架构设计主要包括组织定位、机构设立、运营模式等。财务共享中心的组织架构设置和运营模式有着紧密的联系，不同的运营模式决定了不同的财务共享中心布局和具体组织形式。按照战略定位和总体规划，C 集团最终确定"1 个共享中心 +7 个共享分中心"的总分模式。在集团总部、直属单位、基层三级管控的基础上，在集团总部设立财务共享中心，业务上接受 C 集团总部业务指导，行政上由总部部门管理，确保财务共享中心业务执行的权威性。同时，依托 7 家直属单位建设 7 个共享分中心，一般一个分中心负责 3 ～ 5 家直属单位的业务处理，很好地实现了业务处理的集约、高效，也兼顾财务人员跨区域流动问题，有效保持队伍的稳定性。

5. 业务流程

C 集团财务共享中心建设将员工费用报销流程、采购至支付流程、销售至应收流程、资金结算流程、资产核算、总账核算、报表管理、预算控制等纳入财务共享中心的管理。对于单据传递机制，实物单据仍在单据属地保管，依托影像系统实现单据影像的传递和审核；对于员工费用报销流程，搭建在线报账平台，以标准、规范的流程和统一的报账单据格式，提升业务管控和服务质量；对于采购至支付流程，通过税财企直连应用提高财务审核标准和效率，强化财务管控；对于销售至应收流程，统一财务核算模式，规范业务单据标准，使数据口径统一可比；对于资金结算流程，通过财务共享中心和财务公司结算系统实现资金结算的集中、规范。报表处理依赖报表系统，循序渐进地纳入财务共享中心处理，实物档案仍然由本地保管。

6. 信息系统

信息系统是财务共享中心运营的关键支撑。C集团财务共享中心信息系统主要包括共享报账系统、共享运营系统和共享影像系统等。共享报账系统主要提供报账申请、报账处理、预算控制等功能。报账人员通过手工录入或系统导入的方式提交报账申请单，并对报账申请进行业务审批，通过与预算匹配校验，达到预算控制的目的。共享运营系统提供任务管理、派工管理、账务审批、结算管理等功能，以及质量管理、绩效管理、知识管理等支撑功能。共享报账系统提交的报账申请首先进入共享运营系统，通过审批后进入核算系统生成相关凭证并过账，利用结算管理功能进行资金收支结算，通过任务管理、派工管理等模块分配给账务处理人。共享影像系统解决跨区域业务审核问题，所有原始凭证通过影像系统扫描上传，共享平台审核人员审核报账单据与报销凭证的一致性，避免实物单据的流转。

7. 数据规范

C集团财务共享中心上线之前，各单位前置进行数据梳理、数据核查、数据审核及整改以规范数据。在数据梳理方面，一是各核算软件需要升级的单位按照相关要求对各项业务数据、财务数据进行整理；二是按照应收、应付、总账、资产等大类维度收集客户、供应商、资产、员工、银行账号、组织机构等数据。在数据核查方面，根据数据核查手册，分析各基层单位的核算系统使用情况，对纳入共享范围的基层单位开展会计基础数据的核对工作。在数据审核及整改方面，筹备组逐一对数据清理情况进行审核，并由各单位就发现的问题组织整改。对于共享上线后新增管理的财务标准数据，除了流程、组织外，更加关注数据标准、数据清理规则的编制。梳理、统一数据标准与规范，强化数据标准应用的落地效果，推动业务前端的操作规范性，提升源头的数据质量。

8. 变革管理

复杂的内外部环境要求企业构建越来越完备的财务职能体系，这一职能体系对财务管理模式提出了新的挑战。过去分散的、网状的财务管理模式已经不能适应集团的快速转型和高质量发展的要求，促使财务的模式开始发生变化，逐步形成战略财务、共享财务、业务财务"三位一体"的运行模式。C 集团共享财务中心的具体职能如下：财务管控中心，负责全集团会计处理业务，包括会计核算、资金支付结算、会计报表编制和财务决算等相关工作；数据价值中心，负责规范全集团的财务数据标准和模型，统筹效益分析和绩效评价，开展数据价值挖掘，提供多维度的分析与预警，为管理决策提供支持；人才培养中心，负责招聘财务人员、培养财务人员、输出财务人员，担负着为企业发展培养优秀财务人员的光荣使命。财务共享中心成立之后，企业的组织架构、管理模式、业务流程、财务人员、思想认识等方面都将发生重大变革，也将为财务人员个人提供更多的机遇。C 集团财务共享中心的变革如下。

(1) 组织架构的变革。财务共享中心成立之后，总部财务部负责管控型财务工作。企业负责业务财务工作，企业财务不再负责账务核算处理业务，所有的账务核算业务全部纳入财务共享中心，财务共享中心与企业建立业务合作伙伴关系，通过平等协商签订服务水平协议，明确服务需求，规定双方的权利与义务。财务共享中心依据服务水平协议的规定为企业提供服务，支持企业运营与管理。总体来说，财务共享中心在体制上与区域公司、经营单位是分离的。

(2) 管理模式的变革。财务共享中心管理模式按规划设计采用"总 + 分"的模式，即"总中心 + 分中心"。总中心负责对各分中心进行统一协调和管理，业务范围涵盖流程优化、考核、内部协调等。分中心负责各经营单位的具体业务运营，业务与管理隶属于共享服务总中心，分中心要完成所服务企业的各种类型的核算服务及财务报表出具等工作。财务共享中心逐渐向独立的企业发展，更好地发挥刚性控制的作用。

(3) 业务流程的变革。集团公司、二级单位（区域公司）、基层单位的财务部门保留，主要负责预算管理、风险管理、资金管理、资产管理、资本管理、税务筹划等财务管理工作。各主体权利、责任、利益不变，核算业务处理工作集中到财务共享中心，审批权限、业务审核、资金管理、档案管理等工作依然归属各主体不变。

(4) 财务人员的变革。财务共享中心作为人才培养中心，所有的财务人员将通过财务共享中心统一招聘、统一培养、统一输出，新财务人员入职后首先要到财务共享中心学习，通过财务共享中心专业化的岗位分工和轮岗制度快速、有效地把财务人员打造成精、专、博的业务复合型人才，再输送到业务财务、战略财务等相关岗位。

(5) 思想认识的变革。财务共享中心人员的发展要有价值、有出路、有成长、有传承，这也是打造国际领先、国内一流财务共享中心的重要作用，能够吸引人、凝聚人。

10.3.3　C 集团主要成效

C 集团建设财务共享中心实现了岗位分工专业化、业务标准规范化、财务审核集中化、业务处理批量化，达到了规范和高效的目的。上线单位使用统一的新会计科目体系，加速了标准化进程；对公业务、对私报销业务和部分总账业务等均设置凭证模板，相关信息核对无误后即可自动生成凭证，节约了重复工作的人力成本；实现财企直联，财务人员在运营系统处理完对公、对私付款报账单后，支付信息可推送至财务公司，使资金管理安全、快捷。工作效率明显提升，对私报销业务压缩时间 20% 左右，对公业务整体效率提升 30% 左右。

10.3.4　C 集团未来展望

C 集团共享中心的未来发展有四大方向：一是共享中心定位从传统的财务共享中心转变为全球企业服务中心，实现由提供单一财务功能向提供多种服务功能转变，从提供本土服务向提供全球服务转变，从提供本企业集团服务向同时提供外包服务转变。二是共享中心服务从仅面向大型企业转向同时包括中小微企业，可通过四种方式实现：将传统代账公司升级为共享服务型组织，为小微企业提供共享服务；现有大型企业成立的财务共享中心对外提供外包服务；借助云计算使中小企业通过租用系统享受共享服务；采用云计算技术推动平台建设，为共享服务的发包方和接包方提供交互支持。三是共享中心服务内容从基础性核算向高级管理咨询服务升级，利用大数据进行管理会计活动，提供精深决策支持，将共享中心转变为数据管理中心。四是共享中心服务模式从物理集中处理业务向虚拟职场移动互联网处理业务及信息异地交互转变，从刚性运营向柔性服务转变，从统一业务处理向共享客户参与转变。可以预见，在未来，财务共享中心是全球企业发展的大趋势。

10.4　D集团：实施资金风险管控体系，实现"盈""利"双重目标

10.4.1　D集团基本情况

D集团是特大型建筑企业集团，分别在上海和香港上市。目前是我国最具实力、最具规模的特大型综合建设集团之一，业务涵盖工程建筑、房地产、特许经营、工业制造、物资物流、矿产资源及金融保险等。其中，建筑工程承包是集团核心及传统业务，涉及铁路、公路、城市轨道、水利水电、房屋建筑、市政、桥梁、隧道、机场建设等多个领域。

1. D集团面临的挑战

近年来，随着行业竞争日益加剧，全球经济形势整体下行，资金风险成为影响建筑施工企业发展的重要因素，行业内出现筹集困难、使用效率低、管理失控等问题，严重制约了企业大规模、高质量发展。通过管理找准风险点，止住出血点，实现新发展成为建筑施工企业面临的长期课题。

D集团面临的挑战如下。

(1) 基础工作薄弱，管理亟待提升。一流的管理才能成就一流的企业。对标世界一流企业，大多数企业与世界一流企业之间存在很大差距，最为突出的问题是基础工作薄弱，流程不顺、标准不一、信息不畅、集而不团、管而不控等现象普遍存在，企业文化、管理风格、内控意识等软控制还未形成，难以进行规范的管理。集团中也有部分业务人员对制度文件理解不够，个别管理人员能力欠缺，风险意识淡薄，一些项目不按合同约定收取保证金、违规拆借资金或先付后批，且缺少事后分析评价，给企业带来严重的资金管理风险。强制度、明责任、重执行，将各项基础管理工作做细做实是企业亟

须苦练的基本功。

(2) 预算与实际脱节，管理流于形式。目前，国内大型企业集团基本都推行了全面预算管理，但在实行过程中出现了较多问题，效果并不理想。究其原因，多数企业为预算而预算，先天不足重财务轻业务、形同虚设甩预算另考核等情形使全面预算管理难以落地。尽管近年来集团全面预算管理工作不断加强，但仍有一些项目部门对预算的刚性约束认识不足，特别是在资金管理方面，受工期临时调整、材料价格波动、管理水平参差不齐等主客观因素影响，各种临时性、短期性、随意性决策时有发生，资金风险管理流于形式。

(3) 系统配套不齐，管理难度加大。近年来，采用财务共享模式的企业如雨后春笋，财务结算、业务办理、内部管控等实现了网上运行，但由于各系统建设步调不一致，还未形成全集团统一、高效的信息系统，存在大量的信息孤岛，难以发挥对企业管理的支撑作用。受施工项目地域分散条件所限，基本的账户管理制度都无法全面落实，账户开设情况千差万别，信息不透明、不集成导致账户管理混乱。经统计，全集团共有银行账户 1800 个左右，分布在全国 32 个省市，其中临时户占 72%。点多线长，人多才异，制度执行和后续监管难度较大。

(4) 资金风险体系建设提上日程。随着信息化建设不断推进，D 集团财务共享系统已基本实现了数据的共享、开放、应用及分析，为资金风险管理体系的建立做了一定准备。为解决银行账户散乱、资金管控不集中、人工操作低效易错和存在系统间数据壁垒等一系列问题，亟须借助一套有效的资金风险管控体系来实现资金实时监管，防范财务风险，提高资金使用效率，进而增强市场竞争力。

2. D 集团资金风险体系建设目标和架构

(1) 建设目标。遵循"制度先行，系统落地，预警防控，跟踪保障"

的建设目标，构建资金风险体系三大模块，以集团制度为保障，依托共享平台建立标准化、流程化、信息化的资金风险系统，并通过预警指标加强资金风险管控力度，强化资金收支集中管理能力，加速资金周转效率，全面提升集团资金管理水平。

(2) 风险体系架构。

● 完善管理制度。管理制度是企业对人、财、物、信息等各种生产要素进行组合的核心和纽带。企业应当逐步建立并完善财务管理制度，明确职责定位，实现权责对等、管理有序、重点突出、监管全面、风险可控的财务管理目标，为新型资金风险体系的构建提供制度保障。

● 优化管控系统。以资金管理审批权、执行权、监督权严格分离为原则构建资金风险管控系统，进一步提升运行的标准化和自动化程度，统一支付流程、统一资金结算，统一资金调拨、统一银企对账，实现对企业资金循环全过程的集中管理，全面防范资金管理风险；同时，与业务预算、费用预算、资金计划等全面集成，逐步建立企业统一的资金池，盘活闲置资金，统筹利用企业资金资源，降低企业资金成本，提升资金使用效率。

● 建立预警体系。借助风险预警体系，早期发现资金管理风险预警信号，运用大数据分析，识别风险类别和程度并追根溯源，为管理层提供决策数据支持。另外，对系统自身运行情况进行检查与评价，不断优化、完善运行机制，确保系统正常运行。

10.4.2　D 集团主要做法

1. 制度建设

(1) 职责分工。资金管控工作参与方主要为集团总部、共享中心、子(分)

公司和工程项目部。集团总部作为企业的资金管理决策中心，制定包括财务管理在内的整体战略规划，在资金管控方面的主要职责是做好资金管理制度与流程建设、资金总体筹划预算、资金支付调配审批及账户开销审批等。共享中心作为以资金为主线，跨职能部门协作的信息化集中管控服务平台，其主要职责是在集团总部的统一领导和协调下，搭建资金风险管控平台，建立健全系统管理体系，对资金收、付结算类业务进行标准化审核与结算，同时履行资金安全监管、风险预警、数据分析等职责，不断完善集团资金集中管理，实现池内资金通畅和有序循环，有效提升资金使用效率，降低企业财务风险。

　　集团所属子(分)公司既是企业资金管理的中层执行者，也是工程项目的资金决策者，在资金管控方面的主要职责是对本级及所属工程项目进行制度设计、资金调剂、预算管控、流程审批、印鉴票据监管等。工程项目部作为企业的具体执行者，在资金集中管理方面的职责主要是承办账户开立、预算编制、计划实施、结算复核等具体事项，如图 10-10 所示。

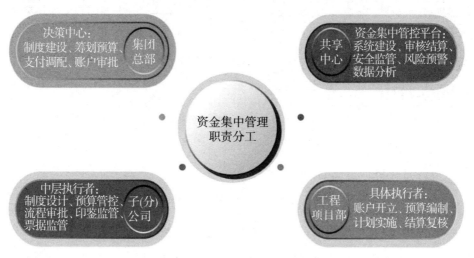

图 10-10　资金集中管理职责分工

(2) 内控制度。集团总部按照"预算管理为中心，资金集中为抓手，委派财务为依托，流程管控为手段"的管理思路，为全面强化资金管控，提高资金管理水平，逐步建立了账户管理、结算工具、岗位管理、预算管控、融资收款、资金集中、支付审核等一系列管理办法，并根据环境变化，不断查漏补缺，增新去重，同时不断建立、优化各项审批流程，为资金风险管理系统的建设和运行提供了权威的依据。资金管理内控流程如图 10-11 所示。

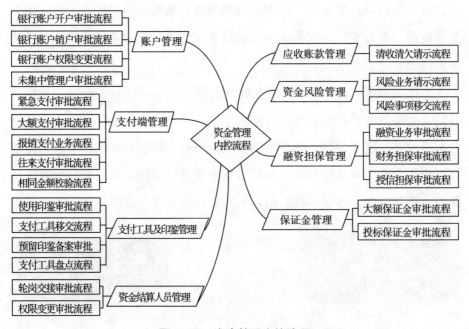

图 10-11　资金管理内控流程

2. 系统建设

(1) 总体设计思路与实施方案。

● 总体设计思路。以资金监控为手段，将管理需求内嵌至信息平台，实现资金行为全流程、全方位实时监控，将事后监督和弥补改为事前预防、事中控制，及时发现、预警风险，进而规避和减少风险。以资金预算为纽带，通过关联成本管理和费用报销管理，将资金管理前置到签约、回款等业务环节，围绕集团战略、重点任务进行资源配置，捂紧钱袋子，把有限的资源用到刀刃上，并持续推进业财融合。

● 实施方案 (见图 10-12)。借助共享平台，以总账系统、报账系统和影像系统等基础系统为依托，账户管理系统为源头，通过资金计划、费用预算做好资金前置管控，借助 ABC 管理系统实现源头分割，并加强过程管控，统建结算平台，辅以查询、对账、归档、预警等配套功能，实现资金风险的全流程管控。

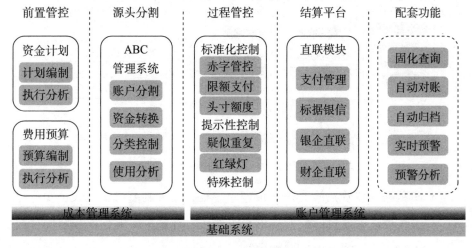

图 10-12　实施方案

(2) 账户管理系统。账户管理系统是账户模块的优化升级，包括账户管理、票据管理和管理查询三个模块，如图 10-13 所示。账户管理模块的主要目标是实现账户全生命周期的过程管理，包括开户、授权、变更、销户等环节，实现账户支付工具及其他相关信息的集中管控，并与主数据平台账户信息实现联动；票据管理模块对支票、电汇单等银行支付类凭据进行管控，具体包括登记、开具、核销等环节的电子化管控；管理查询模块用以实现穿透查询，可按授权范围具体用于账户状态、久悬账户、零余额账户、账户临期明细等情况的查询。账户管理系统与平台各基础系统无缝对接和联动，可实现对企业资金从业务发生到支付的全过程管控。

● 防范账户借用风险。账户管理系统以账户的基本及相关信息为基础，登记账户的开立单位和使用单位。当开立单位与使用单位不一致时，系统判定存在借用账户风险或基础数据录入错误情况，在开立及变更审批过程中实时进行提醒，便于管理人员及时掌握账户使用情况，避免账户出借行为带来的违规风险。

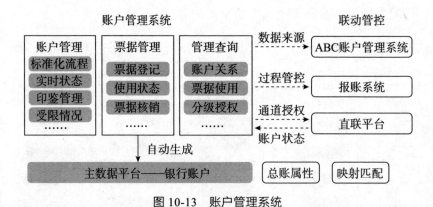

图 10-13　账户管理系统

● 防范账户监管风险。账户管理系统根据相关制度对管理人员实行分级授权，并通过匹配发现不相容岗位，杜绝一人兼任不相容岗位或权限过大出现监管漏洞等现象；账户管理系统录入支付工具及印鉴上交情况，管理人员实时查看账户集中情况，对集中账户和未集中账户分别制订监控方案，防止因监控不足造成账户支付风险；通过直联系统的账户状态反馈，系统自动将异常账户实时预警至账户管理人员，以便其做出相应的风险应对预案；系统根据录入的开户时间和账户有效期自动计算临时户及外经证到期时间，及时提示账户管理人员，以便安排销户或展期事宜。

● 防范账户支付风险。账户管理系统能够直观反映银行预留印鉴及支付工具使用情况，印鉴卡片及签章上交法人单位统一管理，支付工具由共享中心资金结算人员保管，按照金融组织区分账户直联通道，通过直联模块与票据管理互相配合，实现资金支付线上线下管控，统一资金结算出口，规避资金支付错误、重复支付等现象。同时，将账户管控信息中所配置的每日限额、单笔限额、临时限额、法人头寸额度等信息同步传送至报账系统，在业务人员提单时即予以管控，并可根据管理需要，在系统中对某一账户或某批次支付进行临时冻结等操作。

● 防范数据安全风险。账户管理系统和总账系统均含有账户基本信息，但因其使用对象的差别，需明确区分两个系统账户信息的展示方式，确保账户信息的安全性。将主数据平台的账户恢复其总账属性，仅同步账号、名称、开户行、直联方式、管控状态等信息，避免因信息展示过多造成数据泄露。

(3) 系统前置管控。系统前置管控主要包括资金计划系统和费用预算系统。资金计划系统可对项目未来资金的流入及流出进行合理估计，费用预算系统能对期间费用资金流进行管控，两者联动可实现无计划不支付，无预算不开销，将资金流出控制在预定范围内。

● 资金计划系统。资金计划系统能帮助企业通过对现金流量支付的监管、专项明细和账户总额的控制，实现资金支出的事前预算及事中控制，提高资金使用效率，优化企业现金流结构。实际业务中，以业务需求为起点，优先覆盖施工关键线路，按照以收定支原则，进行资金流量和施工进度的合理匹配，以收款比例牵制拨款比例，协助管理层高效做好资金日常管控。

● 费用预算系统。费用预算系统主要用于协助管理层进行日常费用的总体把控。项目根据公司管控限额，结合施工进度，在系统中编制年度费用预算，并合理安排开支期间，日常开支严格受系统管控，超预算或者无预算均不能列支，实现了费用预算的刚性控制。通过对费用预算执行情况分析，逐项分析支出比重较大或者异常费用项目，还可为实现费用预算过程调整提供有说服力的数据支持。

(4) 资金分割系统。资金分割系统将资金账户从资金源头细分为 ABC 三户，以实现促上交、控成本的管理目标，如图 10-14 所示。ABC 账户管理系统遵循收支两条线原则，业主拨付款项全部划入资金账户，由集团进行总体管控。项目预留上交款至 A 户，预拨间接费至 C 户，其余划归 B 户用于工程直接成本开支。项目仅可根据分流结果支配 B、C 户资金，企业可通过资金账户将项目资金管理的重心回收到法人层面，重申法人对项目资金管理和控制的主体地位。

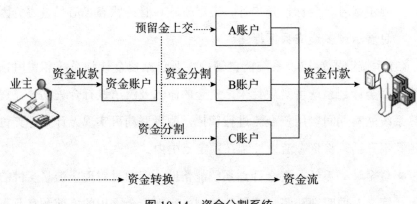

图 10-14　资金分割系统

(5) 过程管控系统。资金支付风险重点是过程管控，通过系统将管理要求转化成标准化控制、提示性控制、特殊性控制等具体管控方式，将风险实时预警给相关人员，借以评估风险、制定风险管理策略，并做出具体的预案。

● 资金风险标准化控制。资金风险标准化控制借助信息化手段，内嵌标准化流程，实现资金支付过程中的超额管控。总账系统与报账系统联动管控，对支付业务实行货币性科目赤字管控，严格执行以收定支，账户余额不足严禁支付，防止超额支付风险；账户管理系统与报账系统联动，根据管理要求设置限额支付，从支付源头卡控资金流出，防止超限额支付风险；将头寸额度固化到账户管理系统，便于相关人员监控头寸额度使用情况，防止超额度引起的信用风险。

● 资金风险提示性控制。实务工作中，在多账套、多账户、多客商、多环节等客观条件限制下，系统设计过程中难以寻求绝对的多维度管控标准，还需要人工做出进一步判断。根据管理者对风险管理的要求，一是在系统中植入重复支付检测公式，若同一单位发生两次或多次同一金额支付时，系统提示业务人员存在疑似重复支付，需要人工判断资金能否支付，防止因疏忽大意重付造成损失；二是梳理集团相关规定，将其转换为信息化标准计算公式植入系统，由系统自行判断业务风险级别，在业务提请及审批过程中相应进行红、黄提示，由相关人员判断并选择合适的处理方式。

● 资金风险特殊性管控。管理层人员可通过系统灵活实现对特定阶段、特定业务的实时监管。账户管理系统能够响应管理层需要，对账户进行临时限额、临时冻结等管控；总账系统可配合管理需要，设置特定客户在全集团范围内的支付限额；结算平台根据管理需要，可实现临时关闭直联通道、限制账户权限等具体管控。遇有突发事件，系统能快速反应，从集团总部层面直接下达指令至终端操作层面，减少中间沟通环节，第一时间阻断风险。

(6) 资金结算平台。作为系统资金风险管控的最后一道关卡，资金结算平台集资金结算、资金监控、自动对账功能为一体，不仅是企业与银行的对话渠道，更是总账模块、报账模块与账户管理模块之间的桥梁，承担精准传送支付指令、规避资金重复支付风险、及时发现账户异常风险的重要职能，使核算单位和共享中心资金岗人员摆脱机械、繁杂的复制、粘贴工作，还可借助直联接口建设集团—企业两级资金池，对 ABC 账户管理系统的 A 户资金实时上划，实现管理层对所属成员单位资金的实时动态监控，将资金管理目标落实到每一笔业务，增强资金管控能力，实现银企互赢、企业效益最大化。

● 支付通道建设及风险控制。集团依托现有的支付管理模块，通过直联接口实现共享平台与工、农、中、建、交五大商业银行，以及内部财务公司之间转账支付、工资批量代发、明细余额查询、电子回单自动归档等功能。资金岗操作人员制单及复核时，系统根据"付款账户信息＋收款人信息"对支付单进行疑似重复校验及提示，同时将银行 U 盾证书与财务共享系统进行安全集成，落实签名验签防抵赖机制，实现资金支付在共享平台的一站式安全处理。为确保支付通道能及时、准确地传送支付指令，系统在部署时充分考虑了硬件及网络风险，所有的硬件设备及通信专线均采用主备模式部署，并定期对直联前置机、网线接口等进行检查，以减少系统宕机风险，保证资金支付接口通畅。资金支付通道如图 10-15 所示。

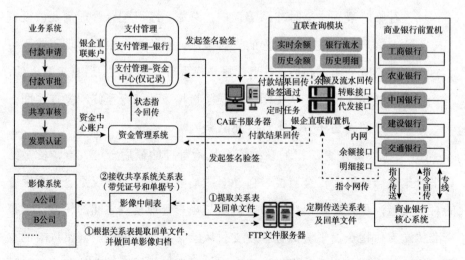

图 10-15　资金支付通道

● 对账功能开发及风险预警。为更好地发挥结算平台的资金管控作用，同步设计并设置了银企自动对账任务及定时预警功能。结算平台每日定时从共享系统总账模块及支付系统、银行核心系统获取对账所需的明细及余额数据，并将数据交互汇总后执行自动对账任务，借助直联通道支付指令唯一标识码和支付单号，实现精准对账、自动计算未达账项并生成银行余额调节表。对于在银企对账中发现的大额银行已付企业未付流水，则通过企业微信公众号、钉钉、手机短信等通信工具实时预警至上级单位相关管理人员，以便及时进行核查追损。对账功能如图 10-16 所示。

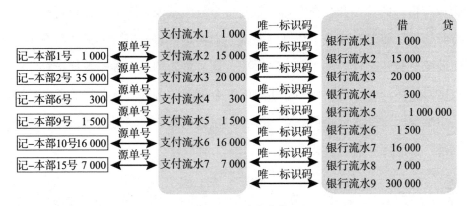

图 10-16　对账功能

● 回单自动归档辅助功能。银行电子回单自动归档辅助功能属于直联模块易用性功能提升，可减少财务人员对于影像回单的补扫工作。其工作方式如下：通过部署单独的 FTP 文件服务器，商业银行核心系统每日凌晨推送前一天银行回单数据，财务共享系统根据预设的扫描任务取得银行回单数据关系表，以银企直联唯一标识码为条件精准匹配银行回单数据，并将匹配后的关系表传送至影像系统自动执行电子回单归档操作。

3. 资金风险预警体系的建设

资金风险预警体系建设包括以下主要工作：建立预警制度、建设数据中台和选择预警数据分析方法。

(1) 建立预警制度。资金风险预警制度是对集团制度落地及系统管控风险的有效补充。集团共享中心作为资金风险预警的实施主体，按照防微杜渐、信息共享、提醒警示、合规管理、提质增效的原则，建立风险防控闭环机制，并充分利用共享平台大数据优势，结合集团资金管理战略目标、资金业务合规性和各单位资金运行等实际情况，针对系统无法实现管控的风险点进行实时和定期预警通报，并通过资金风险预警数据中台开展资金风险指标的监控和预警工作，探究资金风险根源，还要对预警指标进行持续追踪，督促各成员单位及时整改，切实堵塞资金管理漏洞。共享中心在建立资金预警风险体系时，可参照美国质量管理专家休哈特博士提出的PDCA 循环流程，从循环中分析影响资金管理的各种因素及导致资金风险的主要原因，针对风险问题提出通报，检查执行结果，对问题进行整改与处理，并制定新的管控标准，如图 10-17 所示。

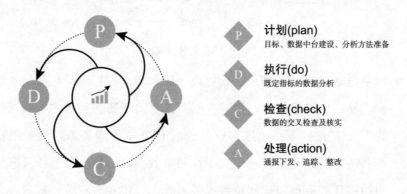

计划(plan)
目标、数据中台建设、分析方法准备

执行(do)
既定指标的数据分析

检查(check)
数据的交叉检查及核实

处理(action)
通报下发、追踪、整改

图 10-17　PDCA 循环

(2) 建设数据中台。为直观了解企业资金流动的合规性及运用的合理性，及时发现资金使用过程中的各类风险，需要整合共享平台内各模块、报表系统、资金系统等零散数据，按照确定数据指标、确定及转换数据源、清洗及转换数据、建立中台数据更新及核实机制的顺序做好资金风险预警数据中台建设，形成特有的数据分析平台，并对其中的数据进行定期更新及核查，保证中台数据的准确性。

第一，确定数据指标。按照集团实际资金管理情况及系统风险管控点，数据中台建设前将资金风险划分为四个层次。

- 违法违规风险。界定该风险时，选取违反国家法律、法规制度的行为作为分析对象，设置坐支现金、超范围使用现金、擅自改变专项资金用途、代扣个税长期挂账等项目，从违法违规的角度定时、定期对资金风险事项进行预警。

- 违约风险。工作中选取应收账款长期未收回、其他应收款长时间未核销、对下合同履约情况、黑名单客商等作为分析对象，协助各成员单位剖析资金压力大、回笼速度慢的原因，提高各成员单位资金周转效率，加强客商准入标准，规避资金诉讼风险。

- 违反内控风险，即失职风险。数据分析时，选取资金计划预警、资金池 +ABC、账户管理、银企直联等作为对象，具体设置银行账户久悬及大额未达账项情况、账户对账情况、资金计划及清收清欠执行情况、直联长时间未处理指令、重复支付、线下私自支付等项目，配合各成员单位资金管理人员及共享中心资金岗工作人员等监控资金收支操作风险。

- 越权风险。选取在管理服务中出现违背内控制度的事项作为分析对象，设置未经审批改变资金用途、超责任成本和概算支出资金、备用金使用情况、未按规定程序审批的大额资金支付、收取合约单位和集团内部单位以外的款项、收取非合约客商保证金、自行垫资、向外单位或个人借款、利用其他应付款隐匿收入等项目，监控所属公司和项目违反企业内控标准和程序收支资金。

第二，确定及转换数据源。设定资金管理各项预警指标后，需要进一步分析和研究，确定指标数据来源，有序收集共享平台各模块、资金系统、报表系统、人行系统的及时、直接、有效的数据，并对各项数据进行清理、转换，使各项数据达到数据分析标准，此步骤是资金风险数据中台建设的关键环节。在此环节中，数据量大、字段多。在数据收集过程中，必须进行严格筛查，以数据驱动增长，将数据形成资产，将资产转换为资本，低成本构建高效运行、灵活扩展的数据中台。

第三，清洗及转换数据。完成数据中台建设后，共享中心即可将企业日常经营活动中所产生的一系列资金数据进行收集、整理，通过对数据进行提取、转换、加载，最终形成标准化、结构化、多维度的资金数据，作为数据分析的原始形态进行存档，如图 10-18 所示。

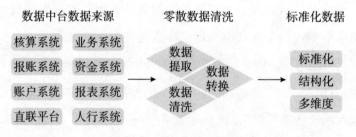

图 10-18　清洗及转换数据

第四，建立中台数据更新及核实机制。为保证资金风险中台数据的时效性和准确性，需要按照各具体指标及字段设定不同的数据更新及核实机制，每次数据更新完成后，需要专人对数据进行二次核实，确保出具的风险预警指标无偏差、不错漏。

(3) 选择预警数据分析方法。针对可能出现的资金风险，需要运用一定的财务分析方法得出资金管理风险指标的相关数据，进行有效而准确的资金预警分析，进而帮助企业全面、深入地认识资金管理过程中可能遇到的风险。常用分析方法主要有定量法、定性法、比较分析法、构成分析法、比率分析法、趋势分析法等 6 种。

4. 建设过程中的重点和难点

(1) 建设过程中的重点。

第一，做好规划和协调。资金风险体系的建设涉及企业财务管理的各个方面和层级，需要集团总部牵头进行规划及调整，明确资金管理各环节参与单位及职责，从集团整体内控入手认真调研后制订相关制度及办法，精简流程，明确责任，以符合企业资金管理实际情况，并在实务工作中督促各岗位积极履责、密切配合，保证资金管理制度落到实处，强力支持资金管理系统顺利运行。

第二，明确系统建设原则。资金系统在进行建设时应坚持顶层设计、统一建设原则，由集团信息管理部及其他业务部门结合企业实际情况及管理需求统筹进行设计、规划，避免重复建设造成资源浪费。在建设之前，需要总体评估系统建设方案，兼顾资金风险各环节内容，尽量做到一次规划、分步建设、一体验收，不走回头路。硬件方面则应尽量考虑效率和性价比的平衡，不能为了提高系统效率而盲目增加服务器，也不能单纯为了节约信息化成本而牺牲效率。比如，在将成本系统及结算平台前置机部署于集团本地的情况下，两个模块均需要通过 SDH 专线与云平台机房进行数据传输，按照安全要求均采用主备两线模式进行部署，方案一为单独部署模式，需要花费 60 万元 / 年；方案二为共同使用专线模式，费用为三个方案中最低，但因结算平台传送流水明细及电子回单文件，需要长时间占用带宽，会造成成本系统数据和直联支付接口数据传输缓慢；方案三也采用共用主线模式，但加大了带宽，结算平台传送流水明细及电子回单文件时不会影响成本系统数据与直联支付接口的正常数据传输。综合考虑系统传输效率和性价比后，最终选用方案三进行部署。

第三，加强制度宣贯。资金风险体系运行需要各方人员积极参与并密切配合，集团公司应加强相关制度、流程及系统的宣贯力度，使各方参与人员切实做到"四个明确"：明确相关制度及办法，牢固树立红线意识；明确自身在资金管理中的职责分工；明确资金管理各环节风险及应对措施；明确系统运行方式及逻辑关系，打赢资金风险管控攻坚战，在各环节快速、有力地阻断资金风险。

第四，重塑人员结构。高度信息化必然带来人员的变革，随着资金相关系统的建设，各层级岗位的财务人员配置数量及岗位职责也随之改变。共享中心账户管理系统及集团级结算平台的建设，大幅降低了企业对资金岗人员的刚性需求，投入少量人力便可完成以往众多出纳人员花费大量时间才能完成的工作。资金计划、费用预算等前置系统对项目财务管理人员提出了更高的要求，不仅要严格按照上级单位批复的计划进行支付，更要科学筹划项目经营活动资金收支。资金预警分析人员除了要掌握业务标准、各单位资金管理动态、数据分析方法外，还需要较高的 Excel、Word、Power BI 等办公软件的操作能力，以精准定位风险点，引导各单位资金活动正轨运行。

(2) 建设过程中的难点。

第一，压减制度与系统的真空期。资金相关系统的建设归根结底是服务于管理，但系统建设一般要经历立项、方案制定、方案评估 (需求收集与整理)、方案确定、系统开发、试点、上线等几个阶段，从开发至上线的周期较长。在此期间，企业经营情况瞬息万变，一旦出现集团层面在方案评估时没有预料的情况，集团相关制度及管理需求就要发生相应变动，极易形成制度建设与系统建设的真空期。因此在建设资金风险系统时，应注意制度与系统的协同配合，压减建设周期，尽快将制度转化为管控力。

第二，从源头把关合约质量。合同是企业经济活动的源头，一切资金活动均围绕其运转。营改增后，各单位上收了对各类合同的审批权限，在一定程度上规避了合同问题的发生，但合同条款不规范、单价单量合同等问题时有发生，成为导致资金风险问题的主要因素。如何把好合同关，从源头控制资金风险，需要业务部门结合系统做人为管控。

第三，科学编制资金预算。项目财务管理人员在制订资金计划时，应充分考虑资金占用及预算风险，不能单纯按照业务部门提供的数据制订资金计划，对于长期应收未收的工程款、其他应收款等，应及时调查、了解该客商的偿债能力，降低资金占用隐形风险，严格控制此阶段资金计划支出比例，严控资金出口。能否根据项目实际情况，科学、合理地编制资金计划和费用预算，将对后期系统管控产生重大影响。

第四，做好突发事件应急预案。高度信息化、自动化在很大程度上解决了资金管理方面的问题，提高了企业对资金风险的防控能力，但同样也造成了企业对系统的依赖性。一旦系统出现问题，后果将不堪设想。因此企业需要同时制订资金管理的紧急预案，在系统出现故障的情况下，如何保证企业资金活动正常运行以及内控制度的有效落实，也是系统设计阶段的难点。

第五，严防预警结果疲软。资金风险预警通报作为风险防控体系的重要补充，对各单位的资金风险进行定期预警，并对相关问题进行追踪，督促涉事单位进行整改。但循环往复，经过一段时间后，一些单位会进入预警通报的疲软期，可能会出现人员思想麻木、整改流于形式等现象。筹划建立相应的制度并评价预警功能及整改效果，已成为亟待管理层完成的一个新的工作目标。

10.4.3　D 集团主要成效

1. 进一步完善了相关制度，严格界定资金管理分工

企业管理层对资金管理风险全面识别、评估后，制定了相应的风险管理策略，并通过建立和完善相关规章制度与管控流程，进一步统一了管理思路并落实了职责分工。例如，集团印发 ABC 账户管理办法、资金账户集中上收管理办法等一系列规章制度，向全集团各层级直接释放了管理层在资金管控方面的决心和理念，将集团上下各层人员的思想迅速统一在对资金全过程、精细化、动态化管理的指导思想下，进一步细化和厘清了各层级、各岗位人员的资金管理职责，也为系统后续建设和运行做好了引领与保障。

2. 全方位优化了信息系统，有效堵塞资金管理漏洞

集团全面完成资金风险系统优化建设工作后，实现了统一账、表、系统账户信息管理口径的预期目标，改观了账户管理乱象，同时实现了资金系统与报账系统等模块无缝对接，构建了一站式服务，提升了资金的安全性和效率性，提高了系统的易用性。例如，管理层可借助账户管理系统随时掌握账户全生命周期动态，可利用账户管理系统票据模块、直联平台统一资金结算线下线上出口；能通过查询余额直联接口及时发现账户销户和冻结等异常情况并自动关闭直联通道，实时将异常情况预警至账户管理人员。集团总部通过系统查询发现，真实、有效的账户有 1800 个左右，异常账户有 300 个，异常情况主要表现为已开户而未使用、已销户而系统未停用、开网银隐瞒不报等。

3. 大幅度提升了工作效率，切实加大资金管控力度

企业资金结算系统与银行结算系统无缝对接，资金支付过程中不再需要出纳人员手动输入收付款信息，传输时间直观地改以毫秒为单位计量，大幅度提高了资金支付的效率。某建筑业集团总部支付人员测试发现，手工制单平均每笔业务耗时 10 分钟，直联后平均每笔业务耗时 1 分钟，直联的效率是手动的 10 倍，如对大批量单据集中支付则优势将更加明显。

另一个可观数据显示，集团总部优化资金系统后，法人单位公司层面可集中使用资金明显增加。抽选三家一、二季度货币资金总额基本持平的子公司进行对比后发现，各法人单位公司层面二季度末可用资金余额均有增加，增长率最高达 302%，最低的也达到了 72%，说明企业新增 ABC 账户管理系统和资金池管理后资金上收力度显著增强。

4. 增强了数据分析，尽快形成企业发展助力

企业根据管理需要，借助当前大数据处理技术对系统数据进行更加深入、更加精准的多维度挖掘和分析，及时掌握企业经营状况，提示和预警经营风险，发现和抢抓发展机遇，为管理者提供有效的战略参考和决策依据，助力企业持续健康发展。

集团总部督导其资金压力较大的子公司进行财务分析，发现存在多笔异常应收账款挂账，继续深挖数据背后原因，最终找到问题根源：某区域地方政府通过其他附加条件，致使合同对外来施工方如期交付工程约束有加，但却对当地业主拨款制约不足，导致该单位在该区域签约的多个项目出现工程进度款拨付不及时、公司被迫大额垫资的情况。针对该分析结果，集团进一步追踪发现其他子公司也存在类似情况，但也有个别项目巧妙规避了当地政府不成文的政策歧视。集团总部迅速调整了在当地的经营承揽策略，同时将应收账款账龄管理纳入系统，以便更加精准地探测分析全国范围内的经营承揽和清收清欠工作的规律与策略。应收账款分析阶段的初步工作完成后，形成应收账款分析表，如图 10-19 所示。

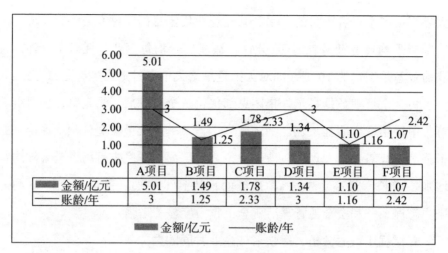

图 10-19　应收账款分析表

10.4.4　D 集团未来展望

随着共享平台的建设和发展，集团管理层对集团共享中心改革发展提出了"经济监控中心、数据集成中心、风险阻断中心"的建设目标。得控则强、无控则乱、失控则亡，为进一步加强资金安全管理，配合集团财务部上收资金所有权和支配权，降低资金管理风险成为共享中心新的工作任务。共享中心积极创新工作思路、方案和模式，以国家有关财经法规和集团财务制度为准绳，综合学习应用流程再造、全面风险与内部控制理论，客观审视原有系统的利弊，借鉴业内建设成果，以业务流程为基础、制度标准为依据、岗位职责为关键、信息技术为支撑、风险控制为核心和导向，坚持"一体化建设、全过程覆盖"的设计理念，深度整合项目、资金、预算、核算、预警等环节，将各类标准定额、业务流程和岗位职责量化嵌入系统；打通银企、财企直联通道，通过不同系统模块间数据的实时联动联控，对业务办理、资金使用进行全程监控，对风险态势智能感知、模糊研判、事先提示。目前系统运行正常，进一步解决了数据孤岛、数据标准差异等问题，巩固了制度执行成效，强化了制度刚性，规范了资金管理行为，降低了管理风险，提升了决策辅助水平，基本实现了"强化监管、预防风险、精细管理、提升效能"的预期目标。随着监管工作的深化，继续植入更多的风险公式、扩大风险预测面，尽快打通电票直联通道将是下一阶段的具体工作任务，积极探索网络资金风险防范策略也是工作实践中需要着力关注的问题。

参 考 文 献

[1] Stulz. Managerial Discretion and Optimal Financing Policies[J]. journal of Financial Economics，1990，26(1)：3-28.

[2] Stein J C. Internal Capital Markets and the Competition for Corporate Resources[J]. Journal of Finance，1997，Vol. 52：111-133.

[3] 任振清.财务数字化转型，大型企业财务共享服务中心运营实践 [M]. 北京：清华大学出版社，2022.

[4] 任振清 . SAP ERP 应用案例详解 [M]. 北京：清华大学出版社，2013.

[5] 任振清 . SAP 财务管控：财务总监背后的"管理大师" [M]. 北京：清华大学出版社，2015.

[6] 任振清 .SAP 财务管控 2：财务总监背后的"管理大师" [M]. 北京：清华大学出版社，2019.

[7] Jens Kruger.SAP Simple Finance：S/4 HANA 财务解决方案 [M]. 王强，等译 . 北京：清华大学出版社，2015.

[8] 陈剑，梅震 . 构建财务共享服务中心 [M]. 北京：清华大学出版社，2017.

[9] 曾晓华. mySAP ERP 运营管理 [M]. 北京：东方出版社，2005.

[10] 文洋，尹凤霞.SAP 从入门到精通 [M]. 北京：人民邮电出版社，2010.

[11] 陈朝庆，兰英. SAP ECC 5.0/6.0 总账系统应用指南 [M]. 北京：人民邮电出版社，2007.

[12] 陈虎，孙彦丛 . 财务共享服务 [M]. 北京：中国财政经济出版社，2019.

[13] 董皓 . 智能时代财务管理 [M]. 北京：电子工业出版社，2018.

[14] 王兴山 . 数字化转型中的财务共享 [M]. 北京：电子工业出版社，2018.

[15] 张庆龙，聂兴凯，潘丽婧 . 中国财务共享服务中心典型案例 [M]. 北京：电子工业出版社，2016.

[16] 任振清 .财务数字化转型——大型企业财务共享服务中心建设实践 [M]. 北京：清华大学出版社，2020.

后　记

在编写本书的过程中，我得到了很多人的帮助，并得到了选题开发、全书架构建立、观点阐述等各个方面的建议，在此衷心地感谢每一位支持本书编写工作的朋友。

同时，我也要感谢家人对我的鼎力支持，今后我将继续努力，不辜负他们的期望。

本书到此告一段落，受水平所限，书中难免存在一定的疏漏，敬请读者朋友批评指正。

作者
2022 年 12 月